Titel der französischen Ausgabe:
L'encyclopédie de l'imagerie. Les animaux
Fachlektorat der deutschen Ausgabe: Dr. Christa Söhl
ISBN 3-89717-306-9
Printed in France by ***Partenaires-Livres***® (JL)

10 9 8 7 6 5 4 3 2 1

FLEURUS BILDERLEXIKON

Grundwissen Tiere

Idee:
Jacques Delaroche
Hélène Grimault

Redaktion:
Sylvie Deraime

Illustrationen:
Sandra Smith
Marie-Christine Lemayeur
Bernard Alunni
M.I.A.: Cinzia Antinori
Marina und Anna Luisa Durante
Lorenzo Orlandi
Raffaella Cosco
Maria Piatto
Rosalba Moriggia
Emmanuella Carletti

Aus dem Französischen von
Regina Enderle

FLEURUS VERLAG

Inhalt

Grundwissen

Tiere

DIE TIERWELT

KOMMUNIKATION

ERNÄHRUNG

VERTEIDIGUNG

FORTPFLANZUNG

verzeichnis

LEBENSRÄUME

WANDERUNGEN

LERNVERHALTEN

TIERGRUPPEN

WAS IST EIN TIER?

Tiere sind Lebewesen. Sie werden geboren, wachsen heran, vermehren sich und sterben. Tiere müssen auf Nahrungssuche gehen und Pflanzen oder andere Lebewesen fressen. Tiere sind dank ihrer Muskeln beweglich. Alle Tiere, auch die einfachsten, verfügen über ein Nervensystem, mit dem sie Dinge wahrnehmen. Hoch entwickelte Tiere haben sogar Gefühle.

Die einfachsten Tiere sorgten unter Wissenschaftlern lange Zeit für Verwirrung: Korallen zum Beispiel sehen wie Blumen aus und sitzen auf Felsen und Riffen. Als Tiere beschaffen sich Korallen jedoch Nahrung, indem sie mit ihren Fangarmen Beute zum Schlund befördern.

Wirbeltiere

Alle Tiere, die im Innern des Körpers ein Skelett haben, gehören zu dem großen Stamm der Wirbeltiere. Dazu zählen Fische, Amphibien, Reptilien, Vögel und Säugetiere. Auch der Mensch ist ein Wirbeltier. Alle Wirbeltiere stammen von einem gemeinsamen Vorfahr ab: dem Fisch mit Wirbelsäule.

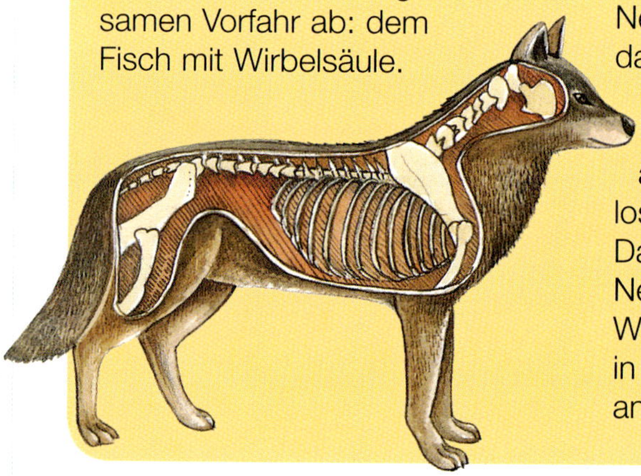

Dank der Entstehung dieser Knochensäule konnten sich größere und beweglichere Tiere entwickeln. Entlang der Wirbelsäule verläuft ein mit dem Gehirn verbundener Nervenstrang, das Rückenmark, das meist größer als bei wirbellosen Tieren ist. Dank des hoch entwickelten Nervensystems können sich Wirbeltiere an Veränderungen in der Umwelt besser anpassen.

Wirbellose Tiere

Über neun von zehn Tieren sind wirbellose Tiere. Ihr einziges gemeinsames Merkmal ist, dass sie keine Wirbelsäule haben. Einige unter ihnen wie der Seestern haben im Gegensatz zu den meisten anderen Tieren weder Kopf noch Schwanz. Der Körper der Quallen und Nacktschnecken behält nur dank der Flüssigkeiten im Innern seine Form.

Dagegen ist der Körper der Insekten, Krebstiere und Spinnen höher entwickelt. Er ist von einer festen Hülle umgeben, die bei der Biene sehr dünn, beim Krebs jedoch dick und hart ist. Diese Hülle wächst allerdings nicht wie die Knochen der Wirbeltiere mit und muss regelmäßig ersetzt werden. Das gilt auch für Muscheln und deren Gehäuse, in denen einige Weichtiere leben.

1,5 Millionen bekannte Arten

In allen Größen!

Winzige wirbellose Tiere wie das Bär- und das Glockentierchen sind durchschnittlich 0,05 mm groß.

Der kleinste Vogel, die Himmelelfe, ist ein Kolibri. Er ist vom Schnabel bis zum Schwanz knapp 6 cm groß und wiegt ungefähr 2 g.

Die Dinosaurier sind die größten Landtiere, die je auf unserem Planeten lebten. Der Diplodocus, ein Pflanzenfresser, war über 25 m lang: Das entspricht der Länge eines Schwimmbeckens! Er wog über 10 t, also so viel wie drei LKW.

Kolibri

Der größte Fisch ist der Walhai. Er kann über 18 m lang werden. Die Zwerggrundel ist mit einer Länge von 8 bis 10 mm der kleinste Fisch.

Zwerggrundel

Walhai

Der Wanderalbatros hat eine Flügelspannweite von bis zu 3,5 m.

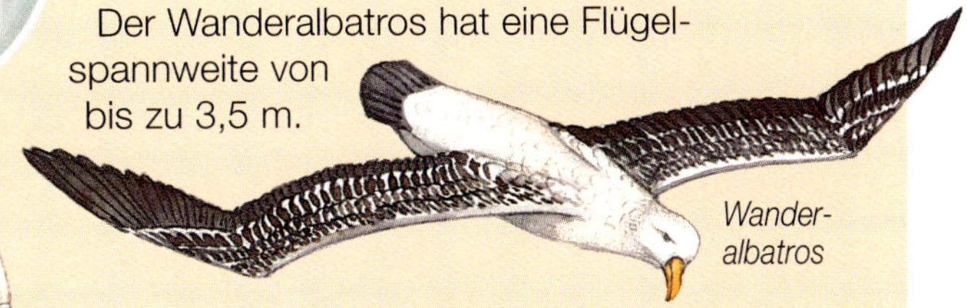

Wanderalbatros

Der Strauß mit seinen 100 bis 155 kg kann nicht fliegen.

Strauß

Der Gecko ist mit durchschnittlich 7 cm Länge das kleinste Reptil. Das längste Reptil ist der Netzpython: Er wird bis zu 10 m lang.

Netzpython

Gecko

Die Riesenstabheuschrecke ist mit 40 cm Länge das größte Insekt. Der Goliathkäfer wiegt 100 g und ist 12 cm lang: Er ist das dickste Insekt.

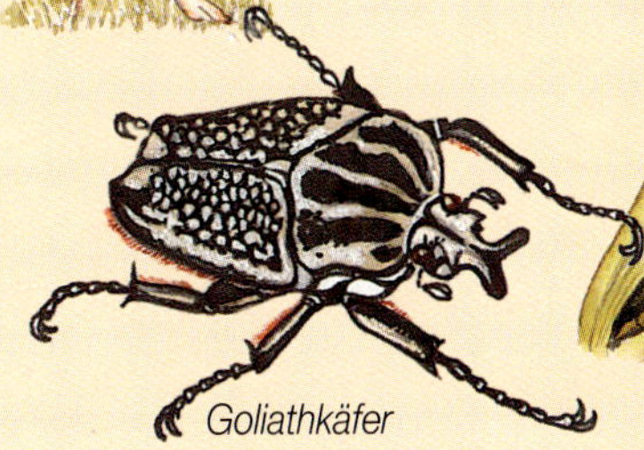

Goliathkäfer

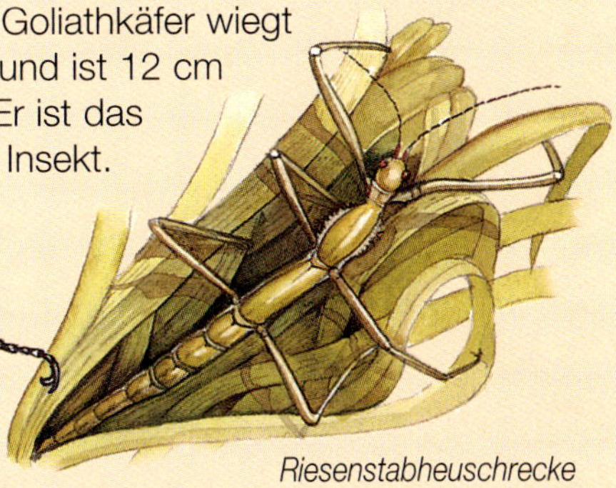

Riesenstabheuschrecke

Während die Etruskerspitzmaus nur 3,5 bis 5,2 cm groß ist und höchstens 2,5 g wiegt, ist der Blauwal 25 m lang und wiegt 120 t.

Blauwal

Etruskerspitzmaus

Die Giraffe wird durchschnittlich 4,8 m groß. Sie ist das höchst gewachsene Säugetier.

Giraffe

Der Afrikanische Elefant wiegt zwischen 5 und 7 t. Er ist das schwerste Landsäugetier.

Elefant

MÄNNCHEN UND WEIBCHEN

»Gleich und gleich gesellt sich gern«, lautet ein Sprichwort. Doch bei vielen Tieren unterscheiden sich Männchen und Weibchen sehr im Aussehen. Dadurch können sich die Partner leichter erkennen und vor der Fortpflanzung besser umwerben. Manche Tiere wie Schnecken und Katzen bilden die Ausnahme.

Katzen und Kater unterscheiden sich nur durch die Sexualorgane und die Zitzen. Bei den großen Landsäugetieren wie den Elefanten kann man den Unterschied besser erkennen: Die Männchen sind um einiges größer als die Weibchen.

Das Geschlechtsteil eines paarungsbereiten Männchens ist stark angeschwollen.

Einen Hirsch kann man leicht von einer Hirschkuh unterscheiden: Er hat ein Geweih und ist größer. Während der Brunftzeit im Herbst werben die Männchen um die Weibchen, indem sie erbitterte Geweihkämpfe austragen.

Löwe und Löwin erkennt man gut. Das Männchen hat insgesamt einen größeren Kopf und eine mächtige Mähne. Es ist auch schwerer: Das Männchen wiegt im Durchschnitt 180 kg, das Weibchen dagegen nur 125 kg.

Männliche Vögel umwerben die Weibchen manchmal mit eindrucksvollen Balztänzen. Während seines Tanzes führt das Paradiesvogelmännchen dem Weibchen sein farbenprächtiges Gefieder vor. Das Weibchen ist schlicht braun gefiedert.

Ein männlicher Seelöwe hat ein beachtliches Gewicht von bis zu 400 kg. Damit wiegt er doppelt so viel wie das Weibchen. Bei der Paarung lastet das Gewicht des Männchens auf seiner Partnerin und erdrückt sie manchmal.

Die Walkühe sind viel größer als die Walbullen. Das ist auch gut so, denn sie müssen die recht großen Walkälber austragen. Der Blauwal zum Beispiel bringt ein Junges von 7 m Länge und 2,5 t Gewicht zur Welt.

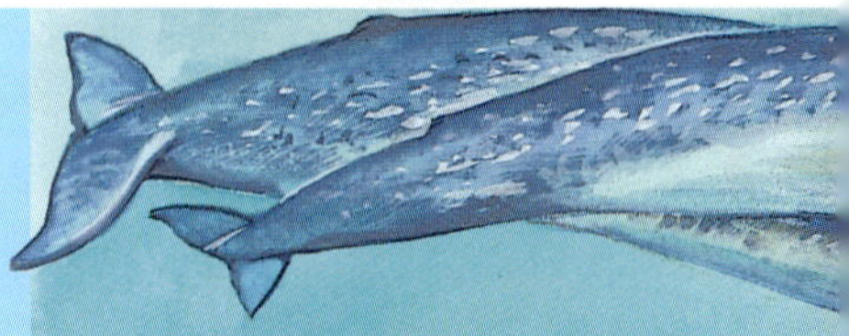

Die Walbullen sind kleiner als die Walkühe.

Das Männchen der Gottesanbeterin ist 2 cm kleiner als das Weibchen. Es hat jedoch größere Augen, sodass er die farbigen Flügel seiner Partnerin besser erkennen kann. Außerdem sind seine Fühler länger, um die Lockdüfte des Weibchens aufzuspüren.

Unterschiede erleichtern das Erkennen

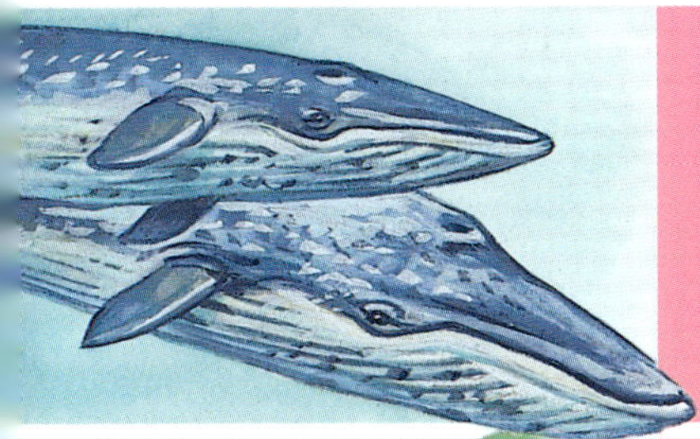

Männchen und Weibchen zugleich

Die Fortpflanzung der Schnecken ist unkompliziert. Jede Schnecke besitzt sowohl männliche als auch weibliche Geschlechtsorgane. Die Suche nach einem Partner des anderen Geschlechts wird damit überflüssig. Eine Schnecke kann sich mit jeder beliebigen anderen Schnecke paaren. Lebewesen dieser Art nennt man Zwitter.

Mal Männchen, mal Weibchen

Einige Tiere wechseln im Laufe ihres Lebens das Geschlecht, um die Chancen auf Fortpflanzung zu erhöhen.

Bei den Meerbrassen durchlaufen alle Männchen eine weibliche Phase, in der sie Eier legen. Anschließend werden sie wieder zu Männchen. Von den Weibchen verwandeln sich einige in Männchen.

Das Aussehen täuscht

Seit ihrem Entstehen vor 600 Millionen Jahren hat sich die Tierwelt immer wieder verändert und neuen Lebensbedingungen angepasst. Die Evolution brachte einen großen Artenreichtum hervor. Unterschiede und Ähnlichkeiten im Aussehen der Tiere können jedoch täuschen.

Ein Schäferhund und ein Yorkshire-Terrier sehen sehr unterschiedlich aus. Doch beide Hunde stammen von einem vor über 10 000 Jahren gezähmten Wolf ab. Der Mensch hat seitdem über 400 verschiedene Hunderassen gezüchtet, die jedoch alle der gleichen Art angehören.

Ratte und Maus sehen sich viel ähnlicher. Die Nagetiere gehören jedoch zwei verschiedenen Arten an: Sie können keine Jungen miteinander haben.

SCHWIMMEN

Die ersten Tiere entwickelten sich vor ungefähr 600 Millionen Jahren in den Ozeanen. Sie passten ihren Organismus diesem Lebensraum an. Fische bewegen sich schwimmend fort. Dazu haben sie ein biegsames Skelett und bewegliche Flossen. Andere Wirbeltiere, die das Land oder den Himmel eroberten, schwimmen geschickt auf der Wasseroberfläche. Um vorwärts zu kommen, rudern sie, d. h. sie drücken das Wasser nach hinten weg.

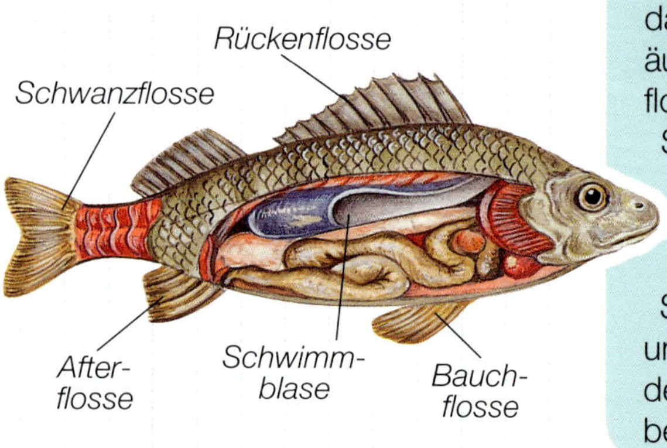

Fische sind schwerer als Wasser, doch ihre Schwimmblase gibt ihnen Auftrieb. Diese wird beim Auf- und Abtauchen mit Gas gefüllt oder geleert. Die Schwanzflosse dient als Steuer und Antrieb. Mit den übrigen Flossen hält der Fisch hauptsächlich das Gleichgewicht im Wasser.

Fische

Um sich fortzubewegen, drücken Fische das Wasser seitlich weg. Sie bewegen sich wie eine Schlange wellenförmig hin und her. Seitenbewegungen des Kopfes teilen das Wasser, der Körper und der Schwanz folgen den schlängelnden Bewegungen. Das Wasser gleitet an den Flanken entlang und fließt am Schwanzende wieder zusammen. Der Schwanz drückt das Wasser weg und sorgt damit für Vorschub. Die äußerst bewegliche Schwanzflosse dient gleichzeitig als Steuer. Bei schnellen Hochseefischen wie dem Tunfisch ist die Schwanzflosse auch Motor: Der Schwanz wird nach rechts und links bewegt, sodass der Fisch schnell beschleunigen kann.

Frösche

Der Frosch schwimmt mithilfe seiner kräftigen Gliedmaßen. Beim langsamen Schwimmen bewegt er Vorder- und Hinterbeine gleichmäßig. Will er schnell schwimmen, zieht er die Vorderbeine dicht an den Körper, winkelt die Hinterbeine an und drückt sie kraftvoll nach hinten weg. Die Schwimmhäute zwischen den Zehen wirken wie Ruder.

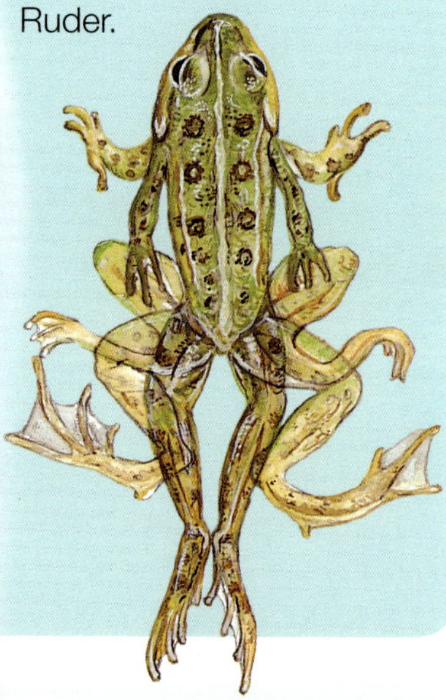

Der Hai

Der Hai hat wie der Rochen keine Schwimmblase. Er muss daher ununterbrochen schwimmen, um nicht unterzugehen. Die Fette in seiner Leber sind leichter als Wasser und geben ihm zusätzlich Auftrieb.

Fortbewegung im und auf dem Wasser

Reptilien

Nachdem sich die Reptilien an Land entwickelt hatten, kehrten einige von ihnen ins Wasser zurück. Ihr Körper hat sich diesem Lebensraum angepasst. Trotz ihres Gewichts können Krokodile und Kaimane sehr gut schwimmen. Sie bewegen sich mit kraftvollen Stößen des Schwanzes fort. Im Wasser schließen sie ihre Nasenlöcher und schützen ihre Augen mit durchsichtigen Lidern. Die Gliedmaßen der Schildkröte dienen ihr als Ruder, da die Zehen fest mit der Haut verwachsen sind. Die Wasserschildkröte benutzt ihre Vorderbeine zum Rudern und die Hinterbeine zum Steuern.

Primitive Tiere

Quallen und Tintenfische sind einfache Tiere mit weichem Körper. Im Wasser bewegen sie sich stoßweise fort, indem sie den Körper mit Wasser voll pumpen und leeren.

Der Tintenfisch verteidigt sich, indem er Tinte spritzt.

Vögel

Von den Vögeln ist der Pinguin am besten an ein Leben im Wasser angepasst. Der ihm verwandte Alk benutzt seine Flügel zum Tauchen und Fliegen, der Pinguin dagegen kann nicht mehr fliegen. Seine kurzen Flügel dienen ihm als Flossen beim Schwimmen. Die kurzen, Wasser abweisenden Federn sind schuppenartig angeordnet, wodurch seine Schnelligkeit erhöht wird. Enten schwimmen auf dem Wasser. Ihr Wasser abweisendes Gefieder schließt Luft ein und wirkt damit wie ein Schwimmring. Die Füße mit den Schwimmhäuten rudern im Wasser. Paddeln Enten abwechselnd mit ihren Füßen, schwimmen sie langsam. Wenn sie das Tempo erhöhen wollen, paddeln sie mit beiden Füßen gleichzeitig.

Der Eisvogel ist bei Fischen gefürchtet.

Der Eisvogel taucht auf der Jagd nach Fischen mit angelegten Flügeln und Beinen bis zu 25 cm tief.

SCHWIMMENDE SÄUGETIERE

Im Gegensatz zu Fischen, die Kiemen haben, atmen Säugetiere mithilfe der Lunge. Deshalb müssen sie, wenn sie im Wasser leben, an der Oberfläche bleiben oder aber regelmäßig wieder auftauchen, um Sauerstoff zu tanken. Dennoch können die Meeressäuger sehr lange tauchen und die Luft anhalten. Unter Wasser wird die Atemöffnung geschlossen.

Von allen Meeressäugern ist der Schwertwal – auch Orca genannt – der schnellste Schwimmer: Er erreicht 65 km/h, wenn er Delfine jagt. Beim Schwimmen bewegt er den Kopf auf und ab und macht mit dem Körper bogenförmige Bewegungen. Für Antrieb sorgt die breite, waagerechte Schwanzflosse mit ihren kräftigen Muskeln.

Im Süßwasser

Der Biber setzt zum Schwimmen seinen schuppigen, kräftigen Schwanz sowie seine Hinterbeine mit Schwimmhäuten ein. Beim Tauchen verschließen Hautfalten Nase und Ohren.

Der Biber kann 20 Minuten lang tauchen.

Als ausgezeichneter Schwimmer kann der Otter 1 Stunde lang unter Wasser jagen. Er bewegt seinen biegsamen Körper wellenförmig und rudert mit den Schwimmhäuten seiner Hinterbeine.

Der flache, muskulöse Schwanz des Otters dient vor allem als Steuer.

Das Schnabeltier paddelt im Wasser mit seinen Vorderbeinen, die lange „Finger" mit Schwimmhäuten haben. Beim Abtauchen steigen Luftblasen aus seinem dichten Fell auf.

Das Schnabeltier taucht in der Regel alle 2 Minuten auf.

Auch das Flusspferd hat Schwimmhäute. Seine Ohren und Nasenlöcher sitzen am Oberkopf und bleiben so meist über Wasser. Beim Tauchen schließen sie sich. Das schwere Tier muss viel Luft in seine Lunge pumpen, wenn es treiben oder schwimmen und nicht am Grund laufen will.

Das Flusspferd kann über 5 Minuten unter Wasser bleiben.

Weltmeister im Tauchen

Der Eisbär ist eines der größten Landsäugetiere. Er ist ein hervorragender Schwimmer. Mit seinen Vorderbeinen paddelt er, während er mit den Hinterbeinen steuert.

Er hält den Atem bis zu 2 Minuten an, wenn er einen Seehund unter Wasser jagt. In seinem Fell sind Luftblasen eingeschlossen, die für Auftrieb sorgen.

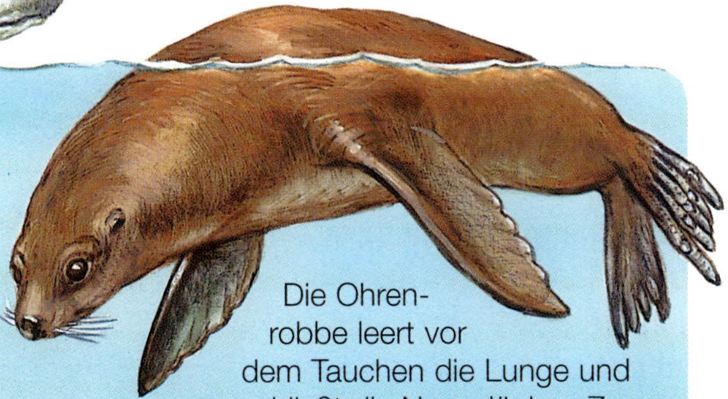

Die Ohrenrobbe leert vor dem Tauchen die Lunge und verschließt die Nasenlöcher. Zur Fortbewegung an Land knickt sie ihre Vorderflossen ab und robbt rückwärts. Sie schwimmt mit den Vorderflossen, während die Hinterflossen steuern.

Der Delfin atmet durch eine Nasenöffnung, die sich beim Auftauchen zum Ausstoßen der Luft öffnet, und sich beim Abtauchen schließt. Mit kräftigen Schwanzschlägen bewegt er sich fort.

Der Blauwal hat zwei Blaslöcher. Diese speziellen Nasenöffnungen sitzen oben auf dem Kopf. Durch sie wird die feuchte Luft aus der Lunge ausgestoßen. Sobald die Lunge mit frischer Luft gefüllt ist, taucht der Blauwal mit dem Kopf voran bis zu 200 m tief. Dabei bewegt er seinen Hinterleib und den mächtigen Schwanz. Trotz seiner beeindruckenden Größe kann er recht schnell schwimmen – bis zu 22 km/h an der Oberfläche.

Der König der Taucher ist der Pottwal. Mit entleerter Lunge kann er knapp 2 Stunden unter Wasser bleiben. Er taucht bis zu 3000 m tief und legt dabei 3 m/s zurück. Er macht Jagd auf die Riesenkalmare der Tiefsee. In seinem riesigen Kopf, der bis zu einem Drittel der Gesamtlänge ausmacht, ist eine wachsähnliche Substanz, der so genannte Walrat, enthalten. Dadurch kann sich der Blauwal problemlos an die Veränderungen der Temperatur und des Druckes anpassen. Walrat hat die Eigenschaft, dass er je nach Wassertiefe flüssig und leicht oder fest und schwer sein kann.

LAUFEN, KRIECHEN, SPRINGEN

Als die ersten Tiere das Wasser verließen, um an Land zu leben, mussten sie sich der neuen Umgebung anpassen. Seit 350 Millionen Jahren verbreiten sich die Tiere nun über das Festland. Manche kriechen, andere springen und wieder andere laufen oder rennen. Für diese Arten der Fortbewegung liefert der Boden eine stabile Unterlage. Bei jeder Bewegung des Tieres muss jedoch stets das Gleichgewicht gehalten werden.

Wenn eine Zikade 42,8 cm hoch springt, beträgt die eingesetzte Kraft das 414fache ihres Körpergewichts. Damit ist sie uneingeschränkter Meister des Hochsprungs. Der Mensch kann hier nicht mithalten: Für einen Sprung von etwa 2 m setzt er nur das 2- bis 3fache seiner Gewichtskraft ein.

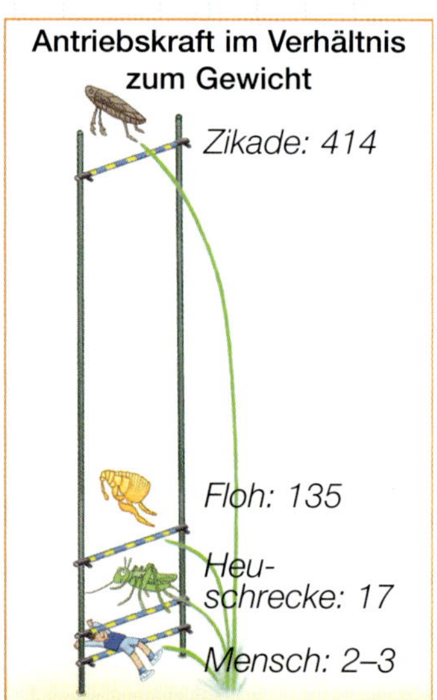

Laufen

Wie alle Vierbeiner bewegt sich das Pferd, indem es seine Beine in einer bestimmten Reihenfolge nach vorne setzt. Ein dressiertes Pferd kann auch im Passgang gehen

wie der Bär und der Elefant. Dabei werden gleichzeitig beide rechte Beine und anschließend beide linke Beine bewegt. Wenn es trabt oder galoppiert, springt es und drückt sich dabei kräftig mit den Beinen ab. Im Sprung wird der gesamte Körper gestreckt.

Laufvögel bewegen sich auf ihren beiden Hinterbeinen fort. Der Strauß benutzt seine Flügel nur zum Wenden oder Bremsen in vollem Lauf. Mit seinen langen Beinen ist er genauso schnell wie ein Pferd und erreicht 50 km/h. Wie die Katzen läuft er nur auf Zehenspitzen.

Als nahe Verwandte des Menschen können sich die Menschenaffen auf ihren Hinterbeinen fortbewegen. Gibbons zum Beispiel gehen am Boden stets auf zwei Beinen. Andere Affen wie die Bonobos können sehr gut auf zwei Beinen gehen. Dennoch stützen sie sich gern mit den Händen ab, wobei sie nur die zweiten Fingerglieder der Hände aufsetzen.

Einige Tiere können auf dem Wasser laufen wie andere Tiere auf dem Boden. Dem Wasserläufer gelingt dies dank seines geringen Gewichts. Der Basilisk rennt mit 12 km/h über das Wasser. Seine Beine mit den langen Zehen berühren kaum die Oberfläche.

Die langen Beine des Wasserläufers „graben“ sich ins Wasser, durchbrechen es aber nicht.

Fortbewegungsarten

Springen

Die meisten springenden Tiere wie der Frosch ① oder der Hase haben lange Hinterbeine. Beim Absprung winkeln sie die Beine z-förmig an. Beim Aufsetzen fangen die Vorderbeine den Aufprall wie Stoßdämpfer ab, während die Hinterbeine nach vorne unter den Körper gezogen werden und als Hebel für den nächsten Sprung dienen. Ein Hase kann 4 m weit springen und Geschwindigkeiten von 70 km/h erreichen. Die knapp 10 mm lange Zikade ②, eine Verwandte der Grille, benutzt ebenfalls diese Sprungtechnik. Insekten mit kurzen Beinen wie der Floh ③ verfügen über eine andere Methode: Die Bewegung der Hinterbeine be- oder entlastet Eiweißkugeln, die an der Stelle sitzen, wo die Beine aus dem Leib austreten. Die Eiweiße sind elastisch, sodass diese Tiere wie auf Sprungfedern hüpfen.

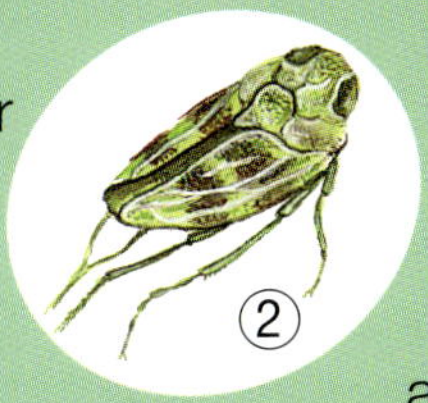

①

Rekorde

Der Delfin springt knapp 4 m hoch aus dem Wasser. Damit zieht er mit den besten Springern an Land, dem Steinbock und der Gämse, gleich.

Das Känguru hält mit 12,60 m den Rekord im Weitsprung. Der Weltrekord der Menschen beträgt 8,95 m!

Der Gepard ist das schnellste Tier. Er erreicht 110 km/h, ermüdet aber schon nach kurzer Zeit.

Kriechen

Kriechtiere haben in der Regel einen länglichen und biegsamen Körper. Sie bewegen sich wellenförmig und stützen sich dabei am Boden ab. Schlangen ① halten sich selbst an geringfügigen Unebenheiten mithilfe von Schuppen an ihrer Bauchhaut fest. Die Beine der Eidechsen ② können den Körper nicht tragen und krallen sich in den Boden. Die Walrosse ③ sind an ein Leben im Wasser angepasst und stützen sich an Land auf ihre Vorderflossen wie auf Krücken. Der Schlammspringer ④, ein Fisch, der häufig das Wasser verlässt, bewegt sich ebenso fort.

①

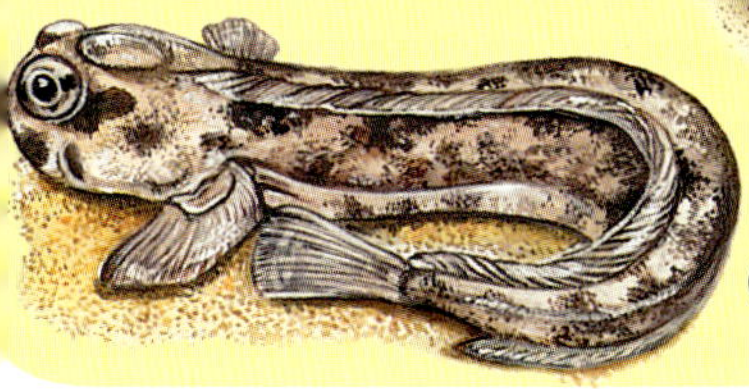

④

③

Mit Armen und Beinen

Wenn sie sich nicht am Boden bewegen, hangeln Menschenaffen und Affenarten mit Schwänzen an langen Armen von Ast zu Ast. Wenn möglich wird auch der Schwanz eingesetzt. Die langen Arme und der kurze Rumpf sind an diese Art der Fortbewegung bestens angepasst.

FLIEGEN

Um zu fliegen, müssen sowohl die Schwerkraft, die einen Richtung Boden zieht, überwunden werden als auch der Luftwiderstand, der das Vorankommen erschwert. Seit 140 Millionen Jahren fliegen Vögel. Ihr leichtes Skelett und die meisterhaft angepassten Flügel ermöglichen ihnen diese Art der Fortbewegung. Doch nicht nur Vögel können fliegen.

Mit seinen Flügelschwingen kann der Vogel sich von der Luft tragen lassen. Die Flügel werden von Flugmuskeln bewegt. Die Federn haben mehrere Aufgaben: Die sehr harten Schwungfedern dienen dem Fliegen und verschiedenen Flugmanövern; die Steuerfedern am Schwanz sind Steuer und Bremse bei der Landung.

Vögel

Vögel fliegen sowohl im Ruderflug als auch im Gleitflug. Bei Ersterem ist viel Kraft beim Abheben, Aufsteigen und Absinken während des Fluges erforderlich. Beim Gleitflug lassen sich Vögel mit ausgebreiteten Flügeln von der Luft tragen. Die besten Gleitflieger nutzen die Winde aus, sodass sie ohne Anstrengung vorankommen. Der Albatros mit einer Spannweite von 3 m legt auf diese Weise bis zu 200 m zurück. Er lässt sich langsam abfallen, nutzt eine aufsteigende Windströmung und sinkt anschließend wieder ab. Auf diese Art und Weise gleitet er dutzende Kilometer weit.

Insekten

Man weiß nicht genau, wie Insekten vor 350 Millionen Jahren zu ihren Flügeln kamen. Vermutlich dienten sie zur Flucht vor Feinden. Heute haben die meisten Insekten 4 Flügel, mit denen sie aktiv fliegen können, obwohl sie viel leichter als Luft sind. Bei Schmetterlingen sind die Flügel mit winzigen, sich überlappenden farbigen Schuppen überzogen. Die Flügel der Florfliege (rechts) sind durchsichtig und man sieht deutlich die Adern, in denen das Blut fließt.

①

Fliegende Säugetiere

Fledermäuse ① sind die einzigen Säugetiere, die beim Flug mit den Flügeln schlagen, also fliegen können. Die „Flügel" bestehen aus einer Hautmembran, die zwischen 4 der 5 Finger von „Händen" und „Beinen" gespannt ist. Ähnliche Flughäute hat auch der Gleitbeutler ② aus Australien. Er gleitet mit ausgebreiteten Gliedmaßen von Bäumen.

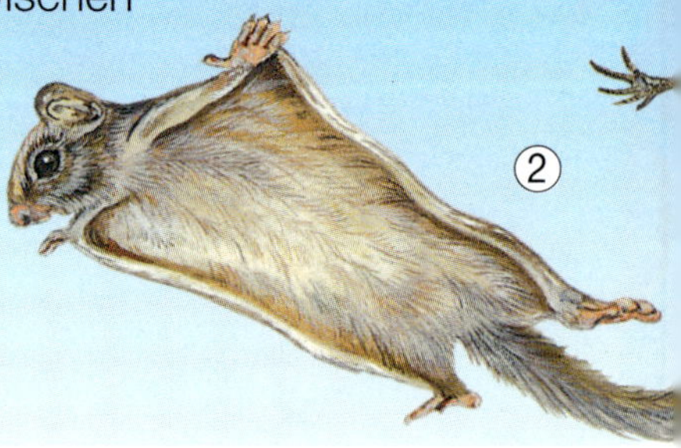
②

Nicht nur Vögel können fliegen

Fliegender Fisch

Fliegende Fische

Auf der Flucht vor Tunfischen und Delfinen ahmen Fliegende Fische, die in warmen und gemäßigten Meeren leben, Vögel nach. Sie holen mit kräftigen Schlägen des Schwanzes Schwung, bis sie 60 km/h schnell sind, recken sich teilweise aus dem Wasser und breiten schnell ihre großen Brustflossen aus. Mehrmals hintereinander können sie 1 m über der Wasseroberfläche bis zu 200 m weit gleiten. Auch der Marmorierte Beilbauchfisch in Amazonien fliegt einige Meter weit, indem er mit den Flossen wie mit Flügeln schlägt.

Marmorierter Beilbauchfisch

①

Fliegende Amphibien und Reptilien

Einige Amphibien und Reptilien in den Regenwäldern Asiens flüchten im Gleitflug vor ihren Feinden. Der Flugfrosch ① bremst seinen Flug, indem er die Schwimmhäute spreizt. Der Flugdrache ②, eine Echsenart, kann 60 m im Gleitflug zurücklegen. Dazu spannt er die Hautfalten an seinen Seiten auf. Eine fliegende Schlange ist die Schmuckbaumnatter ③, die ihre Bauchseite zu einer Hohlrinne einzieht. Auf der Jagd und beim Fliegen von Baum zu Baum ist der kurze Gleitflug für sie sehr nützlich.

②

③

Rekorde

Rekordhalter im Höhenflug ist die Streifengans aus dem Himalaja, die in 8515 m Höhe beobachtet wurde. Das ist fast so hoch wie der Mount Everest (8850 m).

Der Höhenrekord des Bartgeiers, eines Greifvogels, der aufsteigende Winde meisterhaft zu nutzen weiß, liegt bei 7625 m.

Der Halsbandsegler erreicht eine Rekordgeschwindigkeit von 140 km/h. Stürzt der Wanderfalke mit angelegten Flügeln senkrecht auf eine Beute nieder, ist er bis zu 280 km/h schnell.

Die Libelle ist das schnellste Insekt. Ihre Flügel mit einer Spannweite von knapp 7,5 cm tragen sie mit bis zu 60 km/h über das Wasser.

Die Mücke schlägt ihre Flügel am schnellsten. Sie bringt es auf 1000 Flügelschläge in der Sekunde, also 5-mal mehr als eine Biene.

DAS REVIER

Auch in der Tierwelt gibt es Grenzen. Das Klima, das Nahrungsangebot und die Lebensweise können Grenzen setzen. Eine an die Wüste angepasste Art könnte zum Beispiel nicht im Urwald leben. Daneben gibt es individuelle Grenzen. Sie umgeben das Revier oder das Territorium eines jeden Tieres, egal ob es als Einzelgänger oder in der Gruppe lebt.

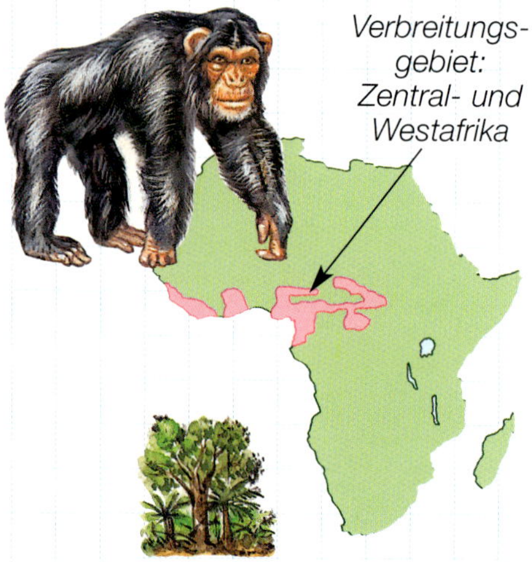

Schimpansen leben in Zentral- und Westafrika. Diese Regionen sind das Verbreitungsgebiet dieser Art. Alle Schimpansen teilen dort den tropischen Regenwald als Lebensraum. Im Wald besitzt jedoch jede Schimpansensippe ihr eigenes, genau abgegrenztes Territorium, auch Revier genannt.

Territorium und Lebensraum

Die afrikanische Savanne ist gemeinsamer Lebensraum von Gnus, Elefanten, Zebras, Giraffen und Straußen. Die Tiere finden dort Nahrung, Wasser und Partner. Sie bewegen sich auf ihren Wanderungen immer in einem bestimmten Bereich. Da die verschiedenen Arten unterschiedliche Bedürfnisse haben, können sie den gleichen Lebensraum miteinander teilen. Tiere einer Art konkurrieren jedoch untereinander. Jedes Tier sichert sich daher ein Territorium innerhalb des Lebensraums, in dem es alleine, in der Sippe oder in einer Herde lebt.

Vögel

Der Lebensraum der Tölpel ist der Ozean. Dieser ist so groß, dass die Seevögel sich nicht um Nahrung streiten müssen. An Land sieht es dagegen ganz anders aus. Innerhalb der Kolonie verteidigt jedes Tölpelpaar vehement sein Territorium, das so groß ist wie das Nest. Andere Vögel leben zu zweit und sichern sich ein Nahrungsrevier für die Familie. Das Revier des Steinadlers beispielsweise erstreckt sich auf einen Umkreis von 30 km um das Nest.

Betreten verboten!

Alleiniges Revier

Wie die meisten Raubkatzen ist auch der Leopard ein Einzelgänger. Jedes Männchen verteidigt das ganze Jahr über sein Revier, da es sein Jagdgebiet ist. Ein eindringender Leopard wird sofort verjagt. Auch ein Weibchen hat, außer während der Paarungszeit, keine Chance.

Das Territorium eines Harems

Hunds- und Ohrenrobben leben außerhalb der Paarungszeit friedlich mit anderen Vertretern ihrer Art zusammen. Doch wenn die Paarungszeit beginnt, kämpfen die Männchen um die Eroberung mehrerer Weibchen. Nachdem das Männchen seinen Harem zusammengestellt hat, grenzt es sein Revier im Wasser und an Land ab. Innerhalb des recht kleinen Territoriums, das an benachbarte Harems angrenzt, wird kein anderes Männchen geduldet. Bei den See-Elefanten, den größten Vertretern der Hundsrobben, versammelt ein Männchen manchmal einen Harem mit bis zu 100 Weibchen um sich.

Das Revier eines Rudels

Wie andere Hundeartige lebt der Wolf im Rudel. Jedes Rudel wird von einem Leittier angeführt und kontrolliert ein weitläufiges Jagdrevier, in das andere Wolfsrudel nicht eindringen dürfen. In der Mitte des Reviers befindet sich die Höhle, in der das Alpha-Weibchen die Jungen zur Welt bringt und säugt. Von dieser Höhle aus führen mehrere Wege durch das Revier, welche die Wölfe dieses Rudels auf ihren Streifzügen regelmäßig benutzen.

Seltsame Reviere

Das Revier des Einsiedlerkrebses beschränkt sich auf das leere Gehäuse eines Schalentieres, das er bewohnt. Sobald ein Eindringling sich nähert, droht der Krebs mit seinen Zangen. Manche Garnelen leben als Einzelgänger auf einer Nacktschnecke, die sie durch das Meer trägt. Sie dulden keine Fremden auf ihrem wandernden Revier.

DAS REVIER MARKIEREN

Ein Tier stellt keine Zäune auf, um sein Revier abzugrenzen, sondern hinterlässt so genannte Markierungen für seine Artgenossen. Die Markierung ist eine Botschaft und bedeutet: »Achtung, das ist mein Revier!« Diese kann über den Geruch, das Gehör oder das Auge wahrgenommen werden. Hauptsächlich Männchen markieren ihre Reviere, die Weibchen kennen die Grenzen häufig nicht. Sie suchen sich allerdings gern Partner, die sich ein großes Revier gesichert haben.

Urin und Exkremente

Die meisten Säugetiere markieren ihr Revier mit Gerüchen. Sie verteilen ihre Duftmarken über das ganze Gebiet und erneuern die Markierung, sobald der Geruch nachlässt. Die Artgenossen, für die diese Botschaft bestimmt ist, erkennen den Duft. Es gibt auch Reviere für einen kurzen Zeitraum, zum Beispiel während der Paarungszeit oder des Schlafes. Wandernde Tierarten haben häufig zwei Reviere: ein Sommer- und ein Winterrevier.

Tagsüber teilt das Flusspferd sein Reich im Wasser mit seinen Artgenossen. Nachts will es in seinem Revier jedoch in aller Ruhe weiden. Um das Nahrungsrevier der Familie abzugrenzen, verteilt es Exkremente. Diese verstreut das Flusspferd mehrere Meter weit, indem es seinen Schwanz als Propeller benutzt.

Bei den Nashörnern markieren die Männchen ihr Revier mit Urin. In ihrem Territorium können sie sich mit allen durchreisenden Weibchen paaren. Kommen sie auf dem Weg zur Wasserstelle durch benachbarte Reviere, halten sie ihren Urin zurück.

Ein Nashorn markiert sein Revier mit Urin.

Wenn dein Hund auf den schönen Wohnzimmerteppich pinkelt, ist das nicht unbedingt ein Zeichen schlechter Erziehung. Er hat vielleicht das Bedürfnis, sein Revier zu markieren, vor allem, wenn ein anderer Hund ins Haus kommt. Er stellt seine Rechte klar und vermeidet damit Missverständnisse und Konflikte.

Gerüche, Geräusche oder Zeichen

Reiben

Die Katze markiert ihr Revier nicht nur mit Urinspritzern, sie reibt sich auch an den Bäumen, die ihr Revier umgeben. Damit setzt sie zusätzliche Duftmarken für die benachbarten Katzen.

Farbenspiele

Einige Korallenfische sind sehr sesshaft. Sie erneuern ihre Rechte auf das Revier, indem sie sich und ihr farbenprächtiges Kleid immer wieder zeigen. Bei der Beobachtung der Korallenfische namens Sergeant-Major fällt auf, dass sich kein Fisch weit von seinem Revier entfernt.

Die Antilopen besitzen unter den Augen spezielle Drüsen, die einen Duftstoff absondern. Die mächtigsten Männchen reiben mit dem Augenwinkel über die Zweige und markieren damit ihr häufig sehr ausgedehntes Nahrungsrevier. Außerdem dürfen sie sich hier mit durchziehenden Weibchen paaren.

Der Bär markiert sein Revier, indem er seinen Rücken an Baumstämmen reibt. Auf der Borke bleibt ein fetthaltiger Duftstoff zurück, den seine Haut absondert. Auf der Suche nach Insekten unter der Rinde ritzt er mit seinen mächtigen Pranken Baumstämme auf und hinterlässt damit auch sichtbare Zeichen.

Geräusche

Jeden Morgen erneuern die Brüllaffen lautstark ihre Rechte auf das Territorium mit Schreien, die man kilometerweit hören kann. Zahlreiche andere Affen, aber auch Löwen, Kojoten und Wölfe markieren ihr Revier ebenfalls mit Rufen. Bei den Vögeln hat jeder Vogel einen besonderen Gesang, der von den Nachbarn erkannt wird.

DAS REVIER VERTEIDIGEN

Durch die Verteidigung ihres Territoriums sichern sich die Tiere den Zugang zu Nahrung und bieten ihren Nachkommen Schutz. Einige Revierinhaber behaupten gleichzeitig ihren Platz in der Hierarchie der Gruppe und die Chance auf Fortpflanzung. Es gibt also viele gute Gründe dafür, jeden Rivalen zu verjagen und sich, wenn nötig, einem Kampf zu stellen.

Der Mäusebussard besetzt ein Revier von 4 bis 6 km². Zu ihm gehört sein Nest am Waldrand und das Jagdrevier im Grasland. Dieser Greifvogel wehrt einen anderen Bussard gegebenenfalls mit seinen kräftigen Fängen ab. Er will den Eindringling hauptsächlich verjagen und nicht verletzen. Im Allgemeinen wird ein Rivale nur selten getötet, wenn er nicht gefressen werden soll.

Fische

Wasserjungfern verteidigen ihr Revier gewöhnlich erbittert gegen Artgenossen. Diese Meeresfische fordern damit nicht nur Respekt vor ihrem Revier, sondern auch vor ihrem Rang in der Hierarchie. Wenn sich Eier in ihrem Nest befinden, richtet sich ihre Angriffsluft auch auf andere Arten. Ein Garibaldi, eine Wasserjungfer aus gemäßigten Gewässern, vertreibt einen Seestern, der genauso groß ist wie er, wenn dieser seinem Nest zu nahe kommt. Der Zweifarben-Gregory in den Korallenriffen legt sich sogar mit Krebsen an.

Ein Garibaldi verjagt einen Seestern.

Eine Wasserjungfer vertreibt ein Schalentier.

Vögel

Im Frühling liefern sich Schwäne manchmal erbitterte Kämpfe um ein Revier. Wenn der Eindringling sich nicht einschüchtern lässt, wird gekämpft: An Land schlagen die Tiere mit ihren Flügeln, im Wasser mit den Schnäbeln.

Der Eisvogel, der jeden Tag zwei Drittel seines Gewichts an Nahrung aufnehmen muss, verfolgt jeden Rivalen, der sich in seine Fanggründe verirrt. Manchmal ertränkt er diesen auch, indem er ihm den Schnabel zuklemmt.

Manchmal heftige, aber selten tödliche Kämpfe

Wache halten

Erdmännchen sind kleine afrikanische Fleischfresser, die in Verbänden von etwa 30 Tieren leben. Stets wachen einige Tiere der Sippe über das Revier. Sobald sich ein großes Raubtier nähert, stoßen die Wachposten spitze Schreie aus und alle Erdmännchen verkriechen sich in den Bauten der Gruppe.

Duell zwischen Männchen

Das Revierdenken ist bei Säugetieren sehr ausgeprägt. Die Verteidigung eines Reviers führt daher häufig zu Kämpfen. Einschüchterung ist dabei das vorrangige Ziel und es gelten feste Regeln. Nashörner zum Beispiel kommen sich an den Grenzen ihrer Reviere regelmäßig ins Gehege: Zwei benachbarte Männchen gehen dann aufeinander zu, kreuzen die Hörner, weichen zurück und reiben ihre Hörner am Boden. Diesen Vorgang wiederholen sie 1 Stunde lang, dann drehen sie sich um und gehen auseinander. Nur wenn seine Vorherrschaft ernsthaft bedroht ist, wird ein Nashorn seinen Gegner mit dem Horn rammen, um ihn zu verletzen oder gar zu töten.

Sozialstaaten

Bei den Bienen beschützen Arbeiterinnen mit gefährlichem Stachel den Eingang zum Bienenstock.

Die Ameisen ihrerseits haben Soldaten, die den Ameisenhaufen bewachen. Bei den Stöpselkopfameisen versperren die Soldaten den Eingang mit ihrem riesigen Kopf.

Gruppenkampf

Bei den meisten Affenarten verteidigen die Männchen das Revier. Die Kämpfe laufen nach festen Regeln ab: Die Gegner beschimpfen sich lauthals, werfen mit Dingen, ohne sich zu verletzen, und gehen auseinander. Bei den indischen Hulmans verteidigen auch die Weibchen das Revier. Ein einziges ausgewachsenes Männchen führt die Herde an. Wenn ein junges Männchen das alte vertreiben kann, tötet es oftmals die Jungen seines Vorgängers.

CHEMISCHE BOTSCHAFTEN

Tiere können sich auf unterschiedliche Art und Weise verständigen. Die chemischen Botschaften, die sie über den Geruchssinn aufnehmen, sind für uns recht geheimnisvoll. Erst nach intensiven Forschungen entdeckte der Mensch diese Art der Kommunikation. Wissenschaftler begannen, diese lautlosen und unsichtbaren Duftbotschaften zu entschlüsseln, die wir mit unserer Nase meist nicht aufspüren können. Sie erklären zahlreiche Verhaltensweisen der Tiere.

Wie andere Tiere auch scheiden Säugetiere Duftstoffe in sehr geringen Mengen aus. Sie heißen Pheromone und sind Nachrichten für die Artgenossen. Eine ängstliche Maus scheidet zum Beispiel Alarmpheromone aus, woraufhin die anderen Mäuse flüchten.

Lockbotschaften

Säugetiere können sich mit Lauten und über die Körpersprache verständigen, benutzen aber auch Duftsignale. Diese enthalten Botschaften, um das Revier zu markieren, einen Artgenossen zu erkennen oder vor Gefahren zu warnen. Mit Gerüchen werden auch Partner des anderen Geschlechts angelockt. Während der Paarungszeit setzen Hündinnen und Katzen Pheromone frei, die die Männchen anlocken.

Begegnung der Düfte

Bei der Fortpflanzung spielen chemische Botschaften eine wichtige Rolle. In der Dunkelheit der Tiefsee können die männlichen Tiefseeangler ① die Weibchen nur über die Duftspur finden, die sie im Wasser hinterlassen. Die Austern ② können sich nicht von der Stelle bewegen. Sie könnten das für die Fortpflanzung nötige Zusammentreffen von Eizellen und Samenzellen dem Zufall überlassen, doch die Natur wehrt sich gegen Verschwendung. Männchen und Weibchen verständigen sich mithilfe von Pheromonen: Ein Austernweibchen gibt erst dann seine Eier in das Wasser ab, wenn das Männchen ihm signalisiert hat, dass es die Samenzellen freisetzt. Auch Seeigel und Korallen ③ verfahren auf diese Art und Weise.

Sich erkennen und verstehen

Chemische Sprache bei Insekten

Bei der Erforschung der Schmetterlinge entdeckten Wissenschaftler die chemische Kommunikation. Die weiblichen Schmetterlinge sondern Pheromone ab, um Männchen anzulocken. Gleichzeitig schlagen sie sehr schnell mit den Flügeln, damit sich ihre Botschaft besser in der Luft verteilt. Die Duftmoleküle werden mit dem Wind mehrere hundert Meter weit getragen. Über die Fühler nehmen die Männchen die Duftstoffe wahr und machen sich auf die Suche nach der Duftquelle. Auch die Ameisen „lesen" die chemischen Botschaften ihrer Artgenossen mit den Fühlern. Sie legen Duftspuren zu Nahrungsquellen und locken damit andere Arbeiterinnen an. Gemeinsam wird die Beute zum Ameisennest gebracht. Man kann Ameisen beobachten, wie sie den Boden mit ihren Fühlern abtasten. Legt man seinen Finger auf die unsichtbare Ameisenstraße, zerstreuen sich die Ameisen. Eine von ihnen hat wahrscheinlich den Alarmduft in Form eines winzigen Tröpfchens verbreitet. Diese Art von Warnsignalen kennen auch die Bienen. Die Wachposten am Eingang des Bienenstocks vertreiben jeden Fremden, dessen Geruch sie nicht kennen. Wenn zwei Ameisen sich begegnen, berühren sie sich zum gegenseitigen Erkennen kurz mit den Fühlern.

Wirkungsvoller Duft

Pheromone werden in winzigen Mengen freigesetzt, sind aber dennoch sehr wirkungsvoll. Bei Ameisen und anderen Staaten bildenden Insekten sowie bei Mäusen, Rindern und Schafen scheiden die Männchen auf Partnersuche ein Pheromon aus, das so stark ist, dass es die Geschlechtsorgane der Weibchen verändert und sie paarungsbereit macht.

Feiner Geruchssinn

Schlangen und Echsen hören schlecht, doch dafür haben sie einen ausgezeichneten Geruchssinn. Ihr Gaumen ist mit einem zusätzlichen Riechorgan ausgestattet: dem Jacobson'schen Organ. Die Schlange sammelt Gerüche mit ihrer Zunge ein und legt sie im Gaumen ab, wo sie ausgewertet werden.

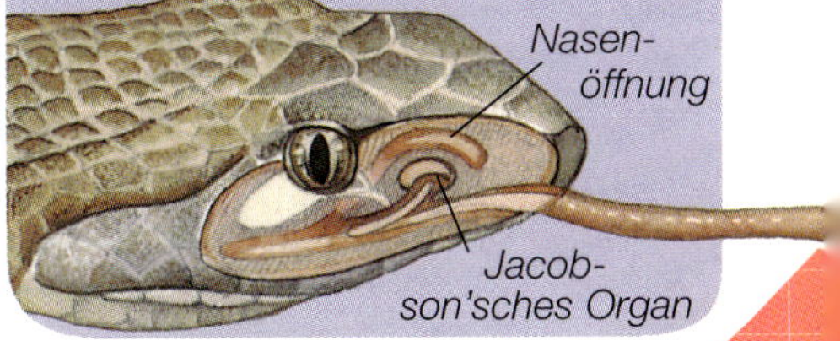

KÖRPERSPRACHE UND KÖRPERKONTAKT

»Schau mich an, wenn ich mit dir rede!« Dem würden auch viele Tiere zustimmen, da sie sich mit Mimik, Körpersprache oder Gesten verständigen. Vor allem bei geselligen Tieren spielen sicht- und fühlbare Botschaften eine wichtige Rolle. Diese sind Bestandteil der Verhaltensregeln in der Gruppe und machen die Beziehungen der einzelnen Tiere untereinander deutlich. Dadurch können gefährliche Konflikte vermieden werden.

Gefahr!

Eine zufriedene Katze schnurrt. Fühlt sie sich jedoch bedroht, macht sie einen Buckel und sträubt ihr Fell. Mit dieser Körpersprache versucht sie, den Angreifer zu vertreiben. Die Körpersprache der Katze ist nur für ihre Artgenossen verständlich; ein Hund versteht die Botschaften nicht.

Angriff

Affen haben eine sehr ausdrucksstarke Mimik, die bei jeder Art verschieden ist. Wenn beispielsweise ein Schimpanse so die Zähne zeigt, wird er bald angreifen.

Freunde sein

Wenn zwei Zebras sich am Hals berühren, begrüßen sie sich und stellen klar, dass sie friedlich miteinander leben wollen. Diese Botschaft innerhalb der Herde, die von einem einzelnen Hengst geführt wird, ist sehr wichtig. Das Tier, das den Anführer herausfordert, muss mit ihm einem erbitterten Kampf austragen. Wenn es verliert, wird es aus der Herde und aus dem Revier verjagt.

Von seinem Vorfahren, dem Wolf, hat der Hund die Gewohnheit geerbt, sich über die Körpersprache zu verständigen. Einige Experten vermuten sogar, dass Hunde beim Bellen versuchen, ihr Herrchen nachzuahmen. Wenn er die Hinterbeine durchstreckt und die Vorderbeine nach vorne legt, will ein Hund spielen. Er nimmt noch viele andere Haltungen ein; es ist an uns, sie zu deuten.

Gesten und Berührungen

Freundschaftliche Küsse

Viele Tiere küssen oder berühren sich. Damit erkennen und beruhigen sie sich und bestätigen ihre Freundschaft. Robben und Walrosse lecken sich häufig die Mäuler oder reiben sie aneinander. Das Lecken ist auch bei den meisten Paarhufern (Rind, Büffel, Gazelle) und den Katzen ein Zeichen von Freundschaft.

Läuse suchen

Affen verbringen viel Zeit damit, sich gegenseitig zu lausen. Das Lausen ist nicht nur eine Frage der Reinlichkeit; es kann auch stattfinden, wenn keine Laus und kein Floh im Fell zu sehen sind. Es ist ein Ritual, das die Bande innerhalb der Gemeinschaft festigt. Die jüngsten Tiere nehmen nicht daran teil. Sie müssen die Regeln der Gruppe erst lernen.

Du bist der Chef!

Wenn ein Wolf die Autorität des Alpha-Rüden anficht, zeigt das Leittier die Zähne und stellt Schwanz und Ohren auf. Erkennt der Besiegte den Leitwolf an, legt er sich vor ihm auf den Rücken.

Der Tanz der Bienen

Hat eine Biene nektarreiche Blüten entdeckt, informiert sie den Bienenstock durch den so genannten Schwänzeltanz. Ein Kreis ① bedeutet, dass die Beute weniger als 100 m vom Stock entfernt ist, eine Acht ② bedeutet mehr als 100 m. Das Tanztempo zeigt die Menge des Nektars an.

Leuchtzeichen

In der Dunkelheit der Tiefsee verständigen sich zahlreiche Fischarten mit Leuchtsignalen. An Land erkennen sich Leuchtkäfer, zu denen die Glühwürmchen gehören, an ihren Blinkzeichen.

RUFE, TÖNE UND LAUTE

Vom Meeresgrund bis hoch in die Lüfte erschallen in der Tierwelt alle möglichen Laute, die in unseren Ohren manchmal als unbeschreiblicher Lärm oder aber auch als harmonische Melodien klingen können. Die Tiere erkennen, umwerben, alarmieren oder verteidigen sich mit ihren Botschaften. Die lautliche Verständigung der Delfine oder der Grünen Meerkatzen lässt auf einen hoch entwickelten Austausch von Informationen schließen.

Die Buckelwale geben auf ihrer Wanderung zu den Paarungsgebieten im Herbst die erstaunlichsten Konzerte. Mitunter stundenlang stoßen die Männchen Klagetöne aus, um die Weibchen anzulocken. Jedes Tier hat seinen eigenen, ganz besonderen Gesang.

Alarmieren

Grüne Meerkatzen geben sehr verfeinerte Warnschreie ab. Die Tiere der afrikanischen Savanne benutzen für jedes Raubtier ein bestimmtes Alarmsignal. Wenn der Wachposten einen Adler entdeckt, springen die Meerkatzen auf seinen Schrei hin von den Ästen auf den Boden. Wird dagegen ein Panter angekündigt, klettern sie so hoch wie möglich in den Baum. Wenn der Schrei vor einem Python warnt, suchen die Affen in ihrer Umgebung nach der Schlange. Die verwendeten Schreie sind von Gruppe zu Gruppe unterschiedlich und müssen von den Jungen erlernt werden. Ein Biber schlägt Alarm, indem er mit seinem flachen Schwanz auf die Wasseroberfläche klatscht. Alle Familienmitglieder flüchten sich daraufhin in den Bau.

Umwerben

Mit ihrem Gesang umwerben viele Männchen die Weibchen. Unter den Vögeln setzt selbst der Adler, ein ansonsten wortkarger Vertreter, seinen Gesang ein, um das Weibchen anzulocken. Sein Liebeslied ist jedoch bei weitem nicht so melodisch und leidenschaftlich wie das der Sperlingsvögel, wie zum Beispiel Nachtigall und Amsel. Das Heuschreckenmännchen zirpt bei der Partnersuche, indem es die Beine an den harten Adern seiner Flügel reibt. Auch männliche Frösche und Kröten quaken in der Paarungszeit, wobei jede Art einen eigenen Gesang hat. Beim Einatmen bläst das Männchen seinen Kehlsack auf (manchmal hat es zwei), sodass der Ton verstärkt wird, der entsteht, wenn Luft über die Stimmbänder streicht.

Verschlüsselte Botschaften

Sich erkennen

Laute sind in Lebensräumen, in denen das Sehen nicht ausreicht, ein geeignetes Mittel, um Artgenossen zu erkennen. Auf dem Packeis in der Antarktis finden sich so die Mitglieder einer Familie von Kaiserpinguinen problemlos inmitten der Menge. Jeder Pinguin hat von Geburt an einen ihm eigenen Ruf, der auf Lebzeiten sein Erkennungszeichen bleibt.

Zahlreiche Fische verwenden ebenfalls akustische Signale, um ihre Artgenossen im Meer oder im Süßwasser aufzufinden. Der Katzenwels bringt Töne hervor, indem er seine Schwimmblase zusammenzieht und entspannt, oder er reibt mit seinen Flossen an den Rückenstacheln.

Wie ihre Verwandten, die Wale, verständigen sich Delfine mit Klick- und Pfeiflauten. Jedes Tier hat eine ihm eigene Melodie. Mit Lautfolgen stimmen sich die Delfine auf der Jagd ab. Sie führen auch richtige Gespräche. Wissenschaftler erkannten mindestens 1000 verschiedene Tonfolgen, die gewissermaßen Sätze sind. Ihre Bedeutung kennt man jedoch nicht!

Einschüchtern

Der in großen Ansammlungen lebende Knallkrebs verscheucht Räuber, indem er knallende Töne erzeugt. Ein Amerikanischer Hummer knurrt, wenn er einen Rivalen oder Eindringling verjagen will, und Seelöwen wie auch andere Seehunde und Robben bellen. Das Gebell dient nicht nur der Einschüchterung. Die Weibchen bellen nach ihren Männchen, wenn sie von jungen Männchen belästigt werden, oder wenn sie ihr verloren gegangenes Junges suchen.

Der Knallkrebs und der Hummer benutzen beide akustische Mittel, um Feinde zu vertreiben.

Katzensprache

Bei der Erforschung der Hauskatzen erkannte ein Schweizer Wissenschaftler 16 unterschiedliche Laute. So deutet Schnurren auf Wohlbefinden hin. Mit ihrem Herrchen verständigt sich die Katze durch Miauen. Dabei bildet sie „Vokale“ und schließt den Mund nach jedem Vokal. Meist geht es um Fressen oder Ausgang. Katzen untereinander tauschen vor allem Schreie oder Knurrlaute aus.

ECHOORTUNG

Wie kann die Fledermaus nachts kleine Mücken jagen? Wie kann der Delfin einen Hai auf über 500 m Entfernung in trübem Gewässer erkennen? Erst 1938 fanden Wissenschaftler die Antwort auf die erste Frage, 1956 wurde die zweite Frage beantwortet: Die Tiere senden und empfangen Schallwellen, mit deren Hilfe sie sich ein Bild ihrer Umgebung machen. Diese Art der Orientierung nennt man Echoortung.

Nachtaktive Vögel finden sich in der Dunkelheit dank ihres guten Sehsinns zurecht. Eine Ausnahme ist der Guácharo-Vogel aus Südamerika, der die Echoortung benutzt, um sich in den dunklen Höhlen zu orientieren, in denen er lebt. Seine Klicklaute kann auch ein Mensch hören.

Die Fledermaus

Um dem Geheimnis der Fledermäuse auf die Spur zu kommen, spannten Wissenschaftler Klaviersaiten kreuz und quer durch einen Raum und verbanden einer Fledermaus die Augen. Sie stieß gegen kein einziges Hindernis! Wenn man ihr jedoch die Ohren verschloss, konnte sie sich nicht mehr orientieren. Ihre „Sehtechnik" ist insgesamt recht kompliziert und das Gehör spielt dabei eine wichtige Rolle. Die Fledermaus stößt sehr hohe Laute, so genannte Ultraschallwellen aus, die für das menschliche Ohr nicht hörbar sind. Die Schallwellen setzen sich in der Luft sehr schnell fort. Wenn sie auf ein Hindernis wie z. B. Beute treffen, werden sie als Echo zur Fledermaus zurückgeworfen. Das Echo wird vom Ohr aufgenommen und an das Gehirn weitergeleitet, das ein Bild des Hindernisses entwirft. Auf diese Weise können Fledermäuse im Dunkeln eine Fliege in 1,35 m Entfernung orten!

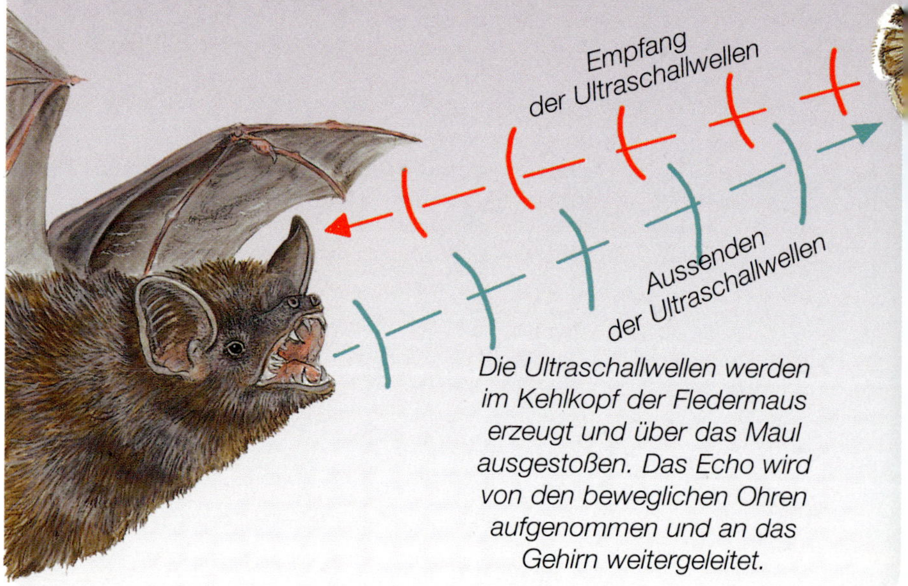

Die Ultraschallwellen werden im Kehlkopf der Fledermaus erzeugt und über das Maul ausgestoßen. Das Echo wird von den beweglichen Ohren aufgenommen und an das Gehirn weitergeleitet.

Wenn Tiere mit den Ohren »sehen« können

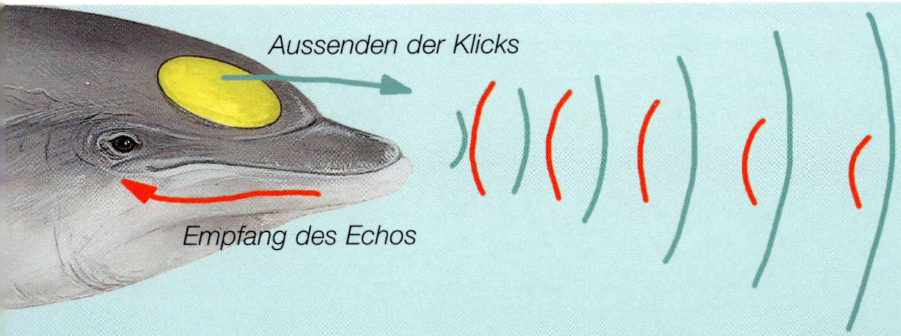

Im Wasser verbreitet sich ein Laut 4-mal schneller als in der Luft.

Der Delfin

Delfine erzeugen Ultraschallsignale, die man Klicks nennt. Sie drücken kleine Lufttaschen zusammen, die am Oberkopf nahe der Atemöffnung sitzen. Während sie unter Wasser höchstens 25 m weit sehen, können sie dank der Ultraschallwellen ein über 500 m weit entferntes Objekt orten. Auf der Jagd senden sie bis zu 500 Klicks pro Sekunde aus. Die Klicks werden vom Sonar gelenkt, das in der Stirnwulst, auch Melone genannt, sitzt. Das Echo wird über den Unterkiefer aufgenommen und an das Gehirn weitergeleitet, das ein Bild des Zieles entwirft. Der Unterschied zwischen dem ausgesandten und dem empfangenen Laut liefert dem Delfin Informationen über die Größe, Form und sogar Art des Zieles. Die Zeit, die vergeht, bis der Laut zurückkommt, gibt Aufschluss über die Entfernung. Kein modernes, vom Mensch entwickeltes Sonargerät, mit dem man unter Wasser „sehen" kann, erreicht die Präzision eines Delfinsonars.

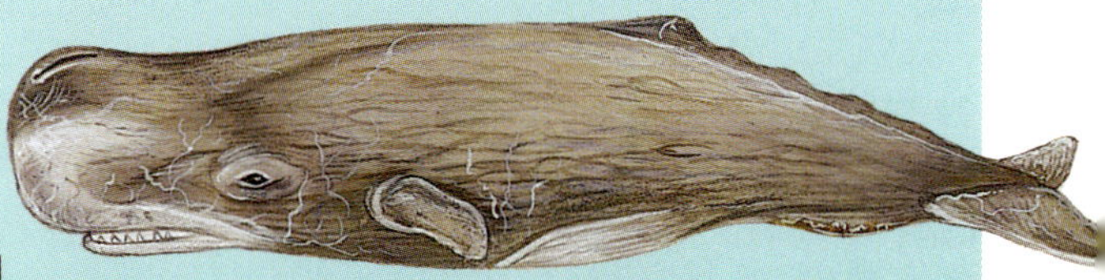

Pottwal

Schwertwal

Schweinswal

Wenn der Delfin eine Beute aufgespürt hat, sendet er weiter Klicks aus. Am Ziel angekommen, setzt er starke Ultraschallwellen ein, die den Fisch vorab betäuben sollen.

Beluga

Alle Zahnwale entwerfen mithilfe der Echoortung ein Bild ihrer Umgebung.

FAST EINE RICHTIGE SPRACHE

Der Mensch ist das einzige Lebewesen, das Worte sprechen kann – das ist sicher. Doch ist er auch der Einzige, der eine richtige Sprache besitzt, eine Sprache also, in der man nicht nur Informationen weitergeben kann, sondern auch Gefühle und Ideen? In der man Vergangenheit und Zukunft ausdrücken kann? Eine Sprache, die man lernen kann? Die Beantwortung dieser Fragen ist nicht einfach. Die Tierforscher sind geteilter Meinung.

unzufrieden

aufgeregt

verängstigt

Der Gesichtsausdruck

Der mit den Menschen nah verwandte Schimpanse aus den Wäldern Afrikas ist intelligent und lebt in Gemeinschaften. Er verständigt sich mit Schreien und Gesten, seine Gefühle spiegeln sich in seinem Gesichtsausdruck wider. Das unbehaarte Gesicht mit dem beweglichen Mund ist sehr ausdrucksstark. Wie die anderen Menschenaffen hat auch der Schimpanse einen intensiven Augenausdruck. Menschen, die sich mit Schimpansen verständigen möchten, müssen erst lernen, dass die verschiedenen Gesichtsausdrücke bei uns andere Bedeutungen haben:

Der Beo, ein asiatischer Starenvogel, und einige Papageien können menschliche Stimmen nachahmen. Gezähmte Tiere hören und wiederholen die gesprochenen Sätze. Sie sind aber nicht fähig, neue Sätze aus den erlernten Wörtern zu bilden. Daher verfügen sie nicht wirklich über Sprache.

Gefühle zeigen

Die Schimpansenmütter hängen sehr an ihren Jungen, die sie 3 oder 4 Jahre lang ständig mit sich herumtragen. Ihre Zärtlichkeiten ähneln unseren sehr. Wenn das Junge trotz aller Umsicht der Mutter stirbt, trauert sie sichtbar und verweigert in manchen Fällen sogar Nahrung. Auch Elefanten zeigen, wie sehr sie ihren Artgenossen verbunden sind: Sie trompeten vor Freude, wedeln mit den Ohren und umschlingen ihre Rüssel, wenn sie aufeinander treffen. Stirbt ein Elefant, schnuppern die anderen an ihm und berühren ihn mit ihrem Rüssel. Dieses Ritual dauert besonders lange, wenn es sich

ruhig wütend

Wir lächeln oft und zeigen dabei unsere Zähne; die Schimpansen dagegen entblößen ihre Zähne meist nur, wenn sie aggressiv sind. Die Entschlüsselung der unterschiedlichen Gesichtsausdrücke wird erschwert, da die Mimik der einzelnen Schimpansengruppen nicht einheitlich ist.

um ein Mitglied der Herde handelt. Dabei ist kein Laut zu hören, doch die Elefanten verständigen sich häufig mit sehr tiefen Tönen, die der Mensch nicht wahrnimmt.

Sprache lernen

Seit Jahren unterrichten amerikanische Forscher Menschenaffen in unserer Sprache. Schimpansen und Gorillas lernen Englisch mithilfe von Symbolen, die sie auf einem Computer gesteuerten Bildschirm berühren. Sie äußern sich über die Gebärdensprache. Nach jahrelangem Lernen beherrschen sie jedoch nicht viel mehr als 100 Gebärden. Schimpansen und Gorillas ordnen nicht nur die einzelnen Gebärden mechanisch bestimmten Dingen oder Handlungen zu, sondern sie können auch ganze Sätze mit Substantiv, Verb und Ergänzung bilden und eigene Wörter erfinden: „Auge-Hut“ für Maske oder „Wasser-Vogel“ für Schwan.

Die Primaten haben wiederholt bewiesen, dass sie echte Gefühle haben und sich an Ereignisse in der Vergangenheit erinnern können. Einer von ihnen beschrieb einem Forscher, wie er nach dem gewaltsamen Tod seiner Mutter im Wald gefangen wurde, und ein Weibchen brachte ihrem Jungen die Gebärdensprache bei. Ein anderes Affenweibchen konnte ihre Vorlieben bei der Wahl eines Männchens mitteilen.

STAATEN BILDENDE INSEKTEN

Ameisen, Bienen und Termiten sind Staaten bildende Insekten: Sie leben in dauerhaften, streng organisierten Gemeinschaften, den so genannten Kolonien. Jede Gemeinschaft hat eine oder mehrere Königinnen. Sie sind die Einzigen, die sich fortpflanzen können. Die anderen Mitglieder teilen sich die Arbeit. Die jeweilige Größe ist ausschlaggebend für ihre Rolle in der Gemeinschaft. Außerhalb der Kolonie können die Tiere nicht überleben.

Auch andere wirbellose Tiere bilden Gemeinschaften, die jedoch nicht so hoch entwickelt sind wie die der Insekten. In Guyana gibt es winzige Spinnen, die gemeinsam ein mehrere Meter breites Netz weben. Darin können sie große Beute fangen, die sie sich anschließend teilen.

Ameisen

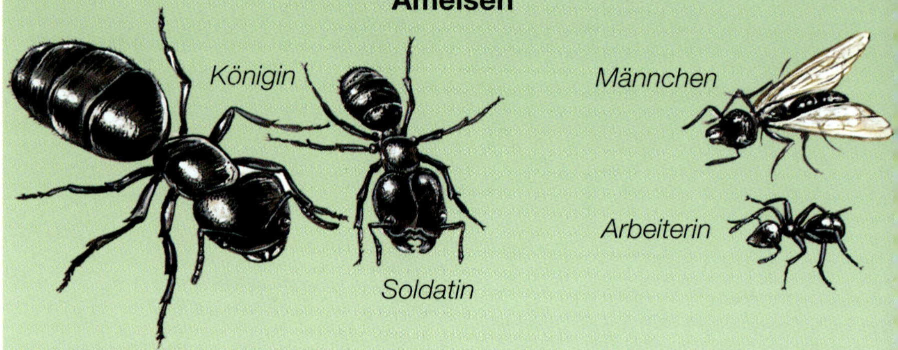

Im Gegensatz zu anderen Staaten bildenden Insekten gibt es in einem Ameisenstaat mehrere Königinnen. Das Leben der Königin beginnt genau genommen erst mit dem Hochzeitsflug: An einem Sommerabend fliegen geflügelte Ameisen, Männchen und Weibchen, davon und paaren sich. Die Männchen sterben danach sofort. Die befruchteten Weibchen werden in ihrem 10-jährigen Leben Millionen Eier legen. Die neuen Königinnen werfen ihre Flügel ab. Einige von ihnen lassen sich in einer bereits bestehenden Kolonie nieder, andere graben sich ein und legen dort die ersten Eier. Die schlüpfenden Larven werden vom Speichel ihrer Mutter ernährt. Als die ersten Arbeiterinnen bauen sie das neue Nest, füttern die Königin und versorgen die nachkommenden Generationen. Aus einigen Eiern schlüpfen Soldatinnen mit kräftigen Mundwerkzeugen, die den Ameisenstaat verteidigen. Aus anderen Eiern entwickeln sich geflügelte Ameisen, die sich fortpflanzen können.

Schnitt durch einen Ameisenhaufen

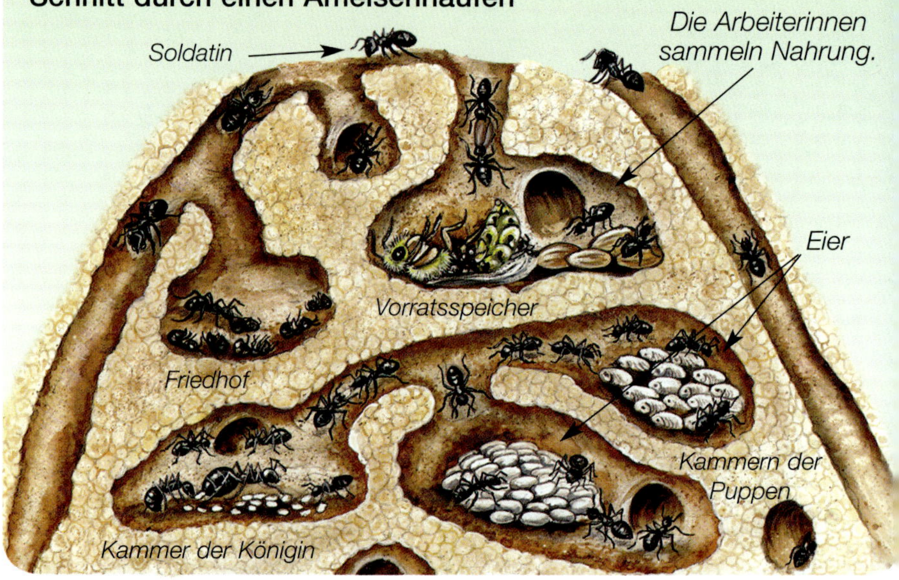

Jeder an seinem Platz

Arbeiterinnen umsorgen die Königin.

Bienen

In den Nestern der wilden Bienen, die in einer Astgabel sitzen, und in den von Menschen gebauten Bienenstöcken gibt es immer nur eine Königin. Größe und Status verdankt eine zukünftige Königin der Ernährung während des Wachstums. Sie wird von den Arbeiterinnen 16 Tage lang mit Gelée royale, einem Futtersaft, ernährt. Normale Larven werden damit nur 3 Tage lang gefüttert. Nur einmal verlässt die Königin das Nest. In ihrem Gefolge fliegen Drohnen, also männliche Bienen, die sie befruchten. Am Ende des Sommers werden sie aus dem Nest vertrieben. Die Königin kehrt in das Nest zurück, wo sie 3 oder 4 Jahre lang Eier legt. Die Arbeiterinnen sind unfruchtbare Weibchen. Sie füttern die Königin und die Larven, bauen sechseckige Waben aus Wachs und sammeln süßen Nektar und Pollen, die einmal verdaut den Honig ergeben. Honig wird als Nahrungsvorrat für den Winter angelegt. Die Arbeiterinnen leben nur wenige Wochen.

Termiten

Das Besondere an Termitenstaaten ist, dass es sowohl einen König als auch eine Königin gibt. Sie paaren sich in ihrem 15-jährigen Leben häufig. Die extrem dicke Königin legt alle 3 Sekunden ein Ei. Die Larven werden mit Pilz- oder Holzbrei von den Arbeitern gefüttert. Diese sind sehr jung und geschlechtslos.

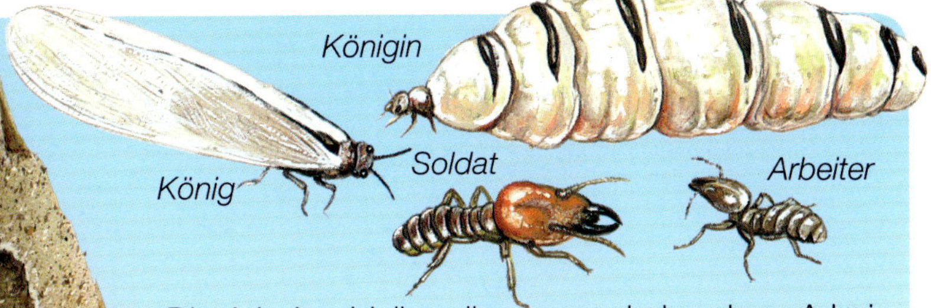

Die Arbeiter bleiben ihr ganzes Leben lang Arbeiter oder werden zu Soldaten mit großen Köpfen und kräftigen Mundwerkzeugen. Manchmal wachsen ihnen auch Flügel und sie werden männliche oder weibliche Geschlechtstiere. Nur die tropischen Termiten bauen aus mit Speichel verklebter Erde Termitenhügel, in denen bis zu 5 Millionen Termiten leben. Ein Gewirr von Gängen verbindet die unzähligen Kammern, in denen die Larven aufgezogen und Vorräte angelegt werden.

VÖGEL IN GRUPPEN

Das gemeinschaftliche Leben der Vögel unterscheidet sich stark von dem der Insekten. Mit Ausnahme der geselligsten Arten versammeln sich Vögel meist nur zeitweise während der Wanderungen, der Paarungszeit oder zum Ruhen. Es gibt auch Ansammlungen von Vögeln, bei denen es keinen echten Zusammenhalt unter den Tieren gibt. Sie leben nebeneinander und schützen sich durch ihr massenhaftes Auftreten vor Feinden. In einer Vogelkolonie oder einem Vogelschwarm ist jedes Tier eigenständig. Die kräftigsten Tiere übernehmen häufig die Rolle des Leittieres. Der Anführer kann aber auch in sehr streng gegliederten Gemeinschaften jederzeit entthront werden.

Der Gemeinschaftssinn der Flamingos

Flamingos gehören zu den geselligsten Vögeln. In den Kolonien der Zwergflamingos leben bis zu 1 Million Tiere. Die Flamingos machen alles gemeinsam: Während der Paarungszeit führen sie fantastische Balztänze auf. Tausende männliche Tiere entfalten in einem perfekt organisierten Ballett ihre Flügel und recken ihre Hälse nach rechts und links. Anschließend paaren sich alle fortpflanzungsfähigen Tiere und legen später gleichzeitig die Eier. Die jungen Flamingos gehen in eine „Kinderkrippe“, sobald sie etwas größer sind. Ein Altvogel überwacht sie dort, doch für das Füttern sind die Elterntiere zuständig.

Gemeinschaftsnester

Webervögel sind die afrikanischen Verwandten unserer Spatzen. Sie nisten und ernähren sich in Kolonien. Bei den Siedelwebern ist der Gemeinschaftssinn stark ausgeprägt. Die Männchen bauen zusammen ein Gemeinschaftsnest, indem sie einen Teil des Baumes mit trockenem

Flamingos

Strauße

Leben in der Gemeinschaft

Nest der Siedelweber

Dohle

Gras bedecken. Anschließend richten sie in der Grasmasse eine Kammer für jedes Paar ein, jeweils mit einem Eingang von unten. Jedes Jahr wird das Nest größer. Einige Nester haben bis zu 300 Kammern. Manchmal werden sie so schwer, dass sie herunterfallen.

Strenge Hierarchie

Dohlen leben in Kolonien, nur nicht während der Paarungszeit. In den Brutkolonien an Felswänden oder auf Burgen können mehrere tausend Vögel leben. Männchen und Weibchen von hohem Rang sind gegenüber den Tieren, die in der Hierarchie direkt unter ihnen stehen, sehr aggressiv. Diese Tiere wiederum rächen sich an denen, die in der Rangfolge noch weiter unten stehen. Die Hierarchie kann auch umgangen werden. Ein Weibchen erhöht zum Beispiel sein Ansehen, wenn es ein ranghohes Männchen „heiratet". Auch ein Rebell kann Anführer werden, wenn er diesen besiegt. Ein ähnliches Verhalten zeigen Hühner: Wenn man beobachtet, welches Huhn ein anderes mit dem Schnabel pickt, erkennt man, welches Huhn dominant und welches untergeben ist. Nur ein in der Hierarchie niedrigeres Huhn wird mit dem Schnabel gepickt.

Straußenverbände

Auch bei den Straußen gibt es Gemeinschaftsnester. Die 4 oder 5 Weibchen, die mit einem Männchen leben, legen ihre Eier in das gleiche Loch und wechseln sich mit dem Männchen beim Brüten der 20 bis 30 Eier ab. Später bilden die jungen Strauße „Jugendgruppen", während ihre Eltern in einer Gemeinschaft von etwa 50 Tieren leben. Die Gruppe wird von einem Männchen oder Weibchen angeführt, das Ort und Zeit der Mahlzeiten bestimmt.

Schön warm

Seevögel kennen keine Hierarchie und kommen nur zur Fortpflanzung zusammen. Sie nisten nur deshalb dicht an dicht, um durch ihre große Zahl Räuber fernzuhalten. Lediglich Pinguine kennen echten Zusammenhalt: Die in Brutkolonien aufgewachsenen erwachsenen Tiere und die Jungtiere bilden kleine Gruppen, die sich auf dem Packeis gegenseitig wärmen und Feinde verjagen, die es auf die Eier abgesehen haben.

Hühner picken aufeinander ein.

Pinguine gleiten manchmal hintereinander über das Eis.

GEMEINSCHAFTEN DER SÄUGETIERE

Wie bei anderen Tierarten auch gibt es unter den Säugetieren absolute Einzelgänger wie beispielsweise den Gepard und den Orang-Utan. Sie treffen ihre Artgenossen nur zur Fortpflanzung. Es gibt aber auch Tiere, die außerhalb einer Gemeinschaft nicht überleben können. Sie gehören Säugetierverbänden an, die von Männchen oder Weibchen angeführt werden.

Wer Anführer sein will, muss sich durchsetzen können. Bei den Roten Riesenkängurus kämpfen die Männchen um die Vorherrschaft in der Gruppe, die aus etwa 10 Tieren besteht. Nur das Leittier darf sich mit den Weibchen der Gruppe paaren.

Patriarchalische Gesellschaften

In den so genannten patriarchalischen Gesellschaften leben Männchen und Weibchen das ganze Jahr über zusammen. Die Gruppe wird von einem oder mehreren dominanten Männchen angeführt. Nur die Anführer dürfen sich fortpflanzen, beschützen dafür aber auch ihre Gruppe, vor allem die Weibchen und ihre Jungen.

Paviane

Affen leben sehr häufig in dieser Art von Verbänden. Paviane bilden in der afrikanischen Savanne Gruppen von 20 bis 50 Tieren. Die Art und Weise, wie sie sich beim Ruhen oder auf Wanderungen anordnen, lässt die Organisation ihrer Gemeinschaft erkennen. In der Mitte werden die Weibchen mit ihren Jungen oder solche, die bald Junge bekommen, von den stärksten Männchen beschützt. Jedes von ihnen hat seinen Harem mit mehreren Weibchen. Danach kommen die Weibchen ohne Junge. Am Rand der Gruppe halten sich die rangniederen ausgewachsenen Männchen und die jungen Paviane auf. Letztere werden verjagt, sobald ihr Fell die Farbe eines Erwachsenen bekommt.

Wölfe

Ein Wolfsrudel zählt zwischen 10 und 15 Tiere. Es wird von einem Alpha-Rüden angeführt. Sein Weibchen gilt ebenfalls als Alpha-Tier. Nur die beiden Leittiere dürfen sich fortpflanzen. Zum Rudel gehören auch die Jungen der vorangegangenen Würfe, bis sie zwei Jahre alt sind, sowie einige ausgewachsene Tiere, die sich nicht fortpflanzen dürfen.

Die Stärksten übernehmen Führungsrollen

Matriarchalische Gesellschaften

In matriarchalischen Gesellschaften wird die Gruppe von dem stärksten oder erfahrensten Weibchen angeführt. Meist leben die Männchen abseits als Einzelgänger oder in lockeren Verbänden und treffen die Gruppe nur während der Paarungszeit.

Hyänen

Fleckenhyänen bilden Rudel unter der Leitung eines Weibchens. Es organisiert die Jagden, hat aber nicht als Einzige Junge. Auch die Männchen gehören zum Rudel. Das Revier wird gemeinsam verteidigt. Nach der Geburt der Jungen sorgen nur die Weibchen für sie. Mit 2 oder 3 Monaten werden sie in einen gemeinsamen Bau verlegt und bis zum 7. Monat von einer „Amme“ gesäugt. Mit ihrem unheimlich klingenden Kreischen erweisen die ausgewachsenen Hyänen den ranghöchsten Hyänen ihre Unterwürfigkeit.

Elefanten

Die Elefantenbullen leben meist als Einzelgänger und suchen die Weibchen nur zur Paarung auf. Die Elefantenkühe leben in Herden, die sich jeweils aus den Jungtieren aller Altersstufen zusammensetzen. Elefanten sind erst mit 12 Jahren ausgewachsen. Die Herde gehorcht dem ältesten Weibchen, das die Gruppe anführt. Diese Leitung ist für die Herde sehr wichtig. Stirbt dieses Weibchen vorzeitig, ist das Überleben der Herde ernsthaft bedroht.

Familienglück

Tiere leben selten in Familien mit Eltern und Kindern wie die Menschen. Biber bilden allerdings eine Ausnahme. Männchen und Weibchen sind unzertrennlich und leben als Biberpaar mit ihren im Laufe der Jahre geborenen Jungen zusammen, bis diese geschlechtsreif sind und eine eigene Familie gründen.

Allein erziehend

Der Waschbär ist ein Einzelgänger. Männchen und Weibchen treffen sich nur zur Paarung. Das Weibchen kümmert sich ungefähr 1 Jahr lang alleine um die 3 oder 4 Jungen. Das Männchen ist nur für die Verteidigung des Reviers zuständig.

TEILEN

Zum gemeinschaftlichen Leben gehört auch, bestimmten Verhaltensregeln zu folgen und dem Anführer zu gehorchen. Die Gruppe teilt den Lebensraum, die Sorge um die Jungen und Spiele miteinander. Das Teilen der Nahrung ist eher selten, selbst unter Arten, die im Verband jagen. Im Allgemeinen bekommen die Stärksten die größten Anteile. Die Unterstützung der Schwachen ist die Ausnahme.

In der Regel kümmern sich nur die Affenweibchen um die Jungen. Die Männchen der Berberaffen umsorgen ihre Jungen auch gern. Die gemeinsame Aufzucht der Jungen festigt die Bande zwischen den Affen. Ein Streit zwischen 2 Männchen wird geschlichtet, wenn einer dem anderen ein Junges entgegenstreckt.

Unterirdische Städte der Präriehunde

In den Kolonien der Präriehunde bewohnt jede Familie ihren Bau und ein Stück Prärie. Das Familienoberhaupt sorgt dafür, dass die anderen Präriehunde, die nicht zur Familie gehören, es nicht betreten. Die Jungen dürfen sich frei bewegen und über den Hauptgang auch in andere Baue gehen. Alle Erwachsenen kümmern sich um sie. Die als „Stadt“ angelegte Kolonie wird gemeinsam bewacht. An jedem Eingang steht ein Späher, der die anderen bei drohender Gefahr warnt.

Wildhunde teilen brüderlich

In der Sippe der Wildhunde, zu der meist 10 Männchen und Weibchen mit ihren Jungen gehören, gibt es keinen Anführer. Die Tiere regeln ihr Zusammenleben ohne Leittier. Während einige Wildhunde auf die Jagd gehen, bleiben andere im Bau und kümmern sich um die Jungen. Bei ihrer Rückkehr teilen die Jäger, die nicht immer dieselben sind, die Nahrung zu gleichen Teilen auf. Jedes Tier würgt die großen Fleischstücke heraus, die es auf der Jagd geschluckt hat. Damit werden die Jungen, ihre Hüter und auch kranke und verletzte Tiere versorgt. Nach der Verteilung lecken sich die Tiere immer wieder gegenseitig die Mäuler ab.

Verhaltensregeln

Gemeinsame Spiele

Mit ihren Spielen vertreiben sich junge Säugetiere die Zeit und lernen gleichzeitig für das Leben. Die kleinen Rotgesichtsmakaken Japans schaffen den Schnee im Gebirge, wo sie leben, beiseite, indem sie große Schneekugeln rollen. Während die Jungen dieses Spiel zum Teil mit Erwachsenen spielen, lernen sie viel über das Leben in der Gemeinschaft.

Die Löwenjungen eines Wurfes teilen häufig Prankenschläge und Bisse aus, doch sie verletzen sich nie. Die Kämpfe sind nur angedeutet. Später werden sie diese Techniken im Kampf um die Weibchen und ein Revier ernsthaft anwenden. Das Muttertier unterstützt das Spiel ihrer Jungen und erträgt geduldig ihre tapsigen Hiebe.

Solidarität

Solidarisches Verhalten unter Tieren einer Art ist eher selten zu beobachten. Häufig ist das Überleben der Gruppe wichtiger als das eines einzelnen Tieres. Die Schwachen werden ihrem Schicksal überlassen. Nur die sozialsten Tiere helfen Kranken und Verletzten, so weit ihnen das überhaupt möglich ist.

In einer Elefantenherde herrscht sehr große Solidarität. Die Anführerin würde für den Schutz der Gruppe sogar ihr Leben riskieren. Wenn ein Elefantenjunges hinfällt, scharen sich die Weibchen der Herde um es und helfen ihm beim Aufstehen.

Die Delfine, die in Verbänden, so genannten Schulen, leben und jagen, sind gleichfalls sehr solidarisch. Wenn eine Gruppe von einem Hai angegriffen wird, fliehen alle. Doch wenn ein Delfin verletzt wird und seine Gefährten mit Notsignalen zu Hilfe ruft, kehren sie um und stellen sich dem Hai. Sobald es ihnen gelingt, den Angreifer in die Flucht zu schlagen, übernimmt ein Delfin die Rettung des Verletzten. Er gleitet an seine Seite und stützt ihn, bis sie die Wasseroberfläche erreicht haben, wo er atmen kann. Verunglückte Taucher wurden auch schon von Delfinen gerettet. Vermutlich verwechselten sie ihn mit einem Artgenossen.

BÜNDNISSE

Es kommt vor, dass Tiere, die völlig verschiedenen Arten angehören, miteinander leben. Manchmal bringt die Partnerschaft nur einem Partner Vorteile. Ein Tier kann zum Beispiel auf einem anderen Nahrung finden oder die Reste seiner Nahrung fressen, ohne ihm nützlich zu sein. In diesem Fall spricht man von Kommensalismus, was »Tischgemeinschaft« bedeutet. In anderen Fällen bringt das Zusammenleben beiden Partnern Vorteile. Das nennt man Symbiose.

In den Korallenriffen können sich Korallenfische an bestimmten Orten reinigen, also von Parasiten befreien lassen, die ihre Gesundheit schädigen. Die Putzerfische übernehmen diesen Dienst gern, da sie sich von diesen Parasiten ernähren.

Schiffshalter lassen sich gern von Walhaien mitnehmen.

Kost und Logis

Die Schiffshalter sind Fische, die oben am Kopf einen Saugnapf haben, mit dem sie sich an größeren Tieren wie Zackenbarschen, Schildkröten, Walen und vor allem Haien festsaugen können. Das hat zwei Vorteile: Sie reisen ohne Anstrengung und finden stets ausreichend Nahrung. Wenn ihr Wirt frisst, machen sie sich los, schnappen sich die Reste und saugen sich wieder fest. Als Gegenleistung befreien die Schiffshalter ihren Partner von Parasiten.

Schützende Seeanemonen

Das Bündnis zwischen einem Einsiedlerkrebs und einer Seeanemone hält häufig ein Leben lang. Jedes Mal, wenn der Krebs seine Behausung wechselt, zieht auch die Seeanemone um. Sie vertreibt Räuber, während er sie trägt und ihr ausreichend Nahrung verschafft. Eine andere Seeanemone lebt in Symbiose mit dem Clownfisch. Er findet zwischen ihren giftigen Tentakeln Schutz vor Feinden, die diese Fangarme lieber meiden. Der Clownfisch jedoch ist unempfindlich gegen das Gift, da er sich „impft", indem er sich an den Tentakeln der Seeanemone reibt. Zum Dank für den Schutz befreit der Clownfisch die Anemone von Abfällen, die ihre Atmung behindern.

Das Zusammenleben verschiedener Arten

Vielfältiger Nutzen

Kuhreiher ① haben sich mit den großen Pflanzenfressern der afrikanischen Savanne verbündet. Büffel, Elefanten und Nashörner scheuchen auf ihren Märschen ganze Wolken von Heuschrecken und Käfern auf, die zur Lieblingsspeise der Stelzvögel gehören. Im Gegenzug befreien die Vögel die Kolosse der Savanne von ihren Parasiten und warnen sie mit Schreien, wenn sich Raubkatzen nähern. Der braune Madenhackerstar ② ist ein ebenso wachsamer Späher, doch er hat die Eigenart, die Wunden seiner Wirte zu vertiefen und das Blut zu trinken, nachdem er die Haut von Zecken, Läusen und Larven befreit hat.

Gemeinsame Mahlzeiten

Der afrikanische Honigdachs ③ lebt in Symbiose mit dem Honiganzeiger ④. Der Vogel zeigt dem Honigdachs, wo die Bienennester hängen. Der Dachs zerstört sie daraufhin und frisst den Honig. Der Honiganzeiger seinerseits frisst das Wachs und die Larven, an die er sonst nicht herankäme.

Vom Rücken eines Nashorns aus können Kuhreiher bestens in die Ferne spähen. Sie warnen ihren Wirt vor Gefahren, halten aber auch Ausschau nach dem Raubadler, ihrem größten Feind.

PFLANZENFRESSER

Im Laufe der Evolution passten sich die Tiere verschiedenen Lebensräumen an. Die jeweils verfügbaren Nahrungsquellen führten zu einer Spezialisierung in der Ernährung. Pflanzenfresser ernähren sich ausschließlich von Pflanzen. Da Pflanzen unbeweglich sind, ist die Nahrungssuche recht einfach. Sie sind allgemein jedoch weniger nahrhaft als Fleisch. Es müssen daher größere Mengen gefressen werden und die Verdauung dauert länger.

Wiederkäuer

Pflanzenfresser

Die Gräser und Blätter, von denen sich Pflanzenfresser ernähren, sind schwer verdaulich. Pflanzenfresser wie die Kuh, der Steinbock, die Ziege, die Giraffe, die Antilope, das Rind und das Kamel sind Wiederkäuer. Ihr Magen besteht aus vier Teilen. Man spricht auch von vier Kammern. Wiederkäuer weiden eine große Menge Gras ab und verschlucken es fast unzerkaut. Anschließend legen sie sich zum Wiederkäuen hin. Das Wiederkäuen dauert fast ebenso lang wie das Grasen. Die Nahrung wandert zuerst in die erste Kammer, den Pansen, sowie in den Netzmagen. Von dort gelangt sie zurück ins Maul, wo sie gründlich zermahlt wird. Der zerkaute Pflanzenbrei wird wieder geschluckt und wandert dann auch in die anderen Kammern, bevor er über den Darm ausgeschieden wird. Die Wiederkäuer sind gute Nahrungsverwerter, doch während ihrer langen Verdauung sind sie für Raubtiere eine leichte Beute. Nicht wiederkäuende Tiere wie der Elefant, das Pferd, das Zebra, das Flusspferd und das Nashorn haben einen einfachen (also nicht mehrteiligen) Magen. Sie sind bei ihrer Nahrung nicht sehr wählerisch und haben eine schnelle Verdauung. Ein Teil der Nahrung wird fast unverdaut wieder ausgeschieden, sodass man ganze Stängel in ihrem Kot finden kann. Diese Pflanzenfresser müssen sehr viel fressen. Ein Elefant beispielsweise braucht 150 kg

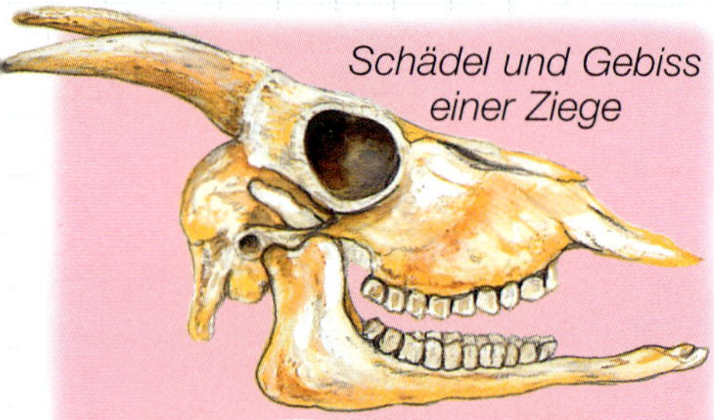

Schädel und Gebiss einer Ziege

Backenzähne eines Pflanzenfressers

Das Gebiss der Tiere ist an ihre Ernährung angepasst. Die Pflanzenfresser haben flache Backenzähne, mit denen sie die Pflanzen zerreiben. Da sie sich schnell abnutzen, wachsen sie ständig nach – im Gegensatz zu den Schneidezähnen, mit denen sie das Gras abrupfen.

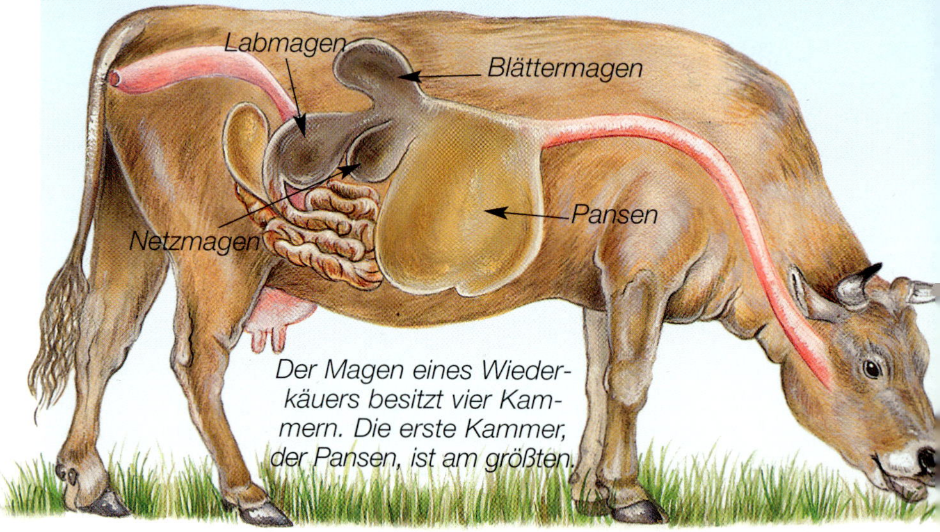

Der Magen eines Wiederkäuers besitzt vier Kammern. Die erste Kammer, der Pansen, ist am größten.

keine Wiederkäuer

Pflanzennahrung am Tag, das Rind dagegen nur 70 kg.

Einseitige Ernährung

Der Koala frisst ausschließlich Eukalyptusblätter. Jede Nacht verbringt er 4 Stunden damit, die Blätter von den Stängeln zu rupfen, bis er seine Ration von 500 g bis 1 kg gefressen hat. Die restliche Zeit schläft er... und verdaut!

Abwechslungsreiche Ernährung

Das Eichhörnchen frisst Nüsse, Eicheln und Kiefernzapfen. Diese ölhaltigen Früchte sind sehr nahrhaft. Das Eichhörnchen besitzt vier lange Schneidezähne, die ständig nachwachsen. Sie nutzen sich schräg ab und sind somit immer scharf. Nur so können die Tiere die Früchte aus ihrer Schale lösen und sie zerteilen.

Vogelnahrung

Die Früchte fressenden Vögel haben keine Probleme mit der Verdauung, da ihre Nahrung weich ist. Für die Körner fressenden Vögel ist das Zermahlen der Nahrung aufwändiger, da sie keine Zähne haben. Als Ersatz haben sie einen Kaumagen. Der Vogel verschluckt zunächst kleine Steinchen. Wenn er nun seinen muskulösen Kaumagen zusammenzieht, zermahlen die Steinchen die Körner.

Nektarsammler

Kolibris ernähren sich von Nektar, einem süßen Saft, der sich am Boden der Blütenkelche bildet. Sie besitzen einen schmalen Schnabel, der länger als ihr Körper sein kann, und eine lange, röhrenförmige Zunge. Mit ihr trinken sie den Nektar wie mit einem Strohhalm.

Planktonfresser

Wale fressen Plankton, das aus Algen und winzigen Tieren besteht. Die Wale nehmen einen großen Schluck Wasser in das Maul und drücken es durch die am Oberkiefer befindlichen Barten wieder hinaus. Das Plankton wird von den Barten zurückgehalten und dann vom Wal wieder verschluckt.

FLEISCHFRESSER UND ALLESFRESSER

Fleisch ist reich an Eiweiß, Phosphor, Eisen und auch Fett. Tiere, die viel Energie verbrauchen, sind auf diese Nahrung angewiesen. Sie ist leichter zu verdauen als Pflanzennahrung, muss allerdings erbeutet werden. Man unterscheidet vor allem zwei Arten von Fleischfressern: die Raubtiere, die sich nur von Fleisch ernähren, und die Allesfresser, die sowohl Tiere als auch Pflanzen fressen. Aasfresser ernähren sich von der zurückgelassenen Beute anderer Tiere.

Die meisten Schlangen ernähren sich von Tieren, die viel größer sind als sie selbst. Sie verschlingen sie unzerkaut in einem Stück. Dank ihres aushakbaren Kiefers und der dehnbaren Haut ist das kein Problem für sie. Die anschließende Verdauung dauert Stunden.

Raubtiere

Raubtiere sind Fleischfresser, die ihre Nahrung erbeuten. Alle Katzen sind Raubtiere. Löwen und Leoparden fressen große Pflanzenfresser wie Antilopen oder aber kleine Nagetiere; Leoparden jagen auch Affen und Vögel. Ausgewachsene Löwen brauchen 3-mal pro Woche 5 bis 6 kg Fleisch. Sie fressen ab und zu auch Schlangen. Zu den Raubtieren zählen außerdem Wiesel und Iltis sowie die Familie der Hundeartigen mit Wölfen, Hunden und Hyänen. Letztere sind Raubtiere und Aasfresser, sie ernähren sich also auch von Kadavern. Die Fleisch fressenden Säugetiere haben ein Gebiss, das ihrer Ernährung angepasst ist. Die Fangzähne sind die langen, spitzen Eckzähne, mit denen sie töten, und die Reißzähne sind die großen,

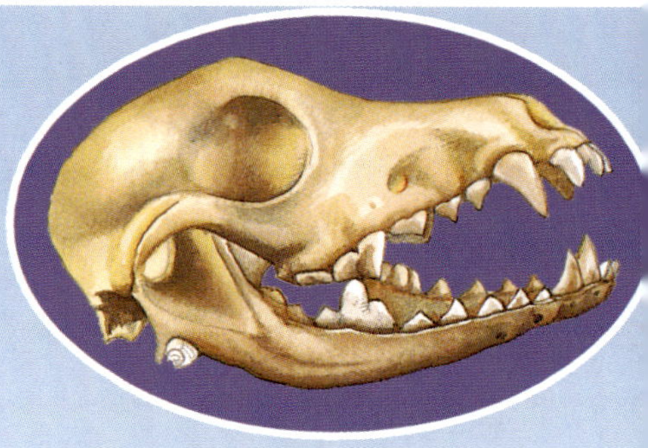

scharfen Backenzähne zum Zerteilen des Fleisches. Greifvögel sind Raubvögel. Auch die meisten Schlangen und Krokodile gehören zu den Raubtieren.

Allesfresser

Wie der Mensch ernähren sich auch manche Tiere sowohl von Pflanzen als auch von Fleisch. Diese Tiere nennt man Allesfresser. Die meisten Affen ernähren sich von Pflanzen, doch Schimpansen und Paviane fressen auch kleine Säugetiere. Der Waschbär ist vor allem als Fleischfresser bekannt, eigentlich

Frischfleisch, gemischte Kost oder Aas

st er aber ein Allesfresser. Das ɡilt auch für den Fuchs, der im Sommer und Herbst ebenso viele Früchte wie Beutetiere zu sich nimmt. Mit Ausnahme des Eisbären, der vor allem Seehunde frisst, und des Lippenbären, der als Insekten-fresser Termiten nachjagt, haben Bären eine abwechslungsreiche Ernährung. Sie setzt sich aus kleinen Säugetieren (vor allem Nagetieren), Lachsen, Beeren, Gräsern, Blättern und Honig zusammen. Wissenschaftler untersuchten die Ernährung des oft gefürchteten Grislibären aus Kanada und fanden heraus, dass seine Nahrung zu 80 % aus Pflanzen besteht! Mit Aus-nahme des Eisbären, der spitze Reißzähne besitzt, haben die Bären kein typisches Raub-tiergebiss: Ihre Backenzähne sind flach und rund zum Zermahlen von Pflanzen.

Insektenfresser

Diese Fleischfresser machen Jagd auf Insekten, Spinnen und Würmer. So decken sie ihren Bedarf an tierischem Eiweiß. Zu den Insekten-fressern gehören Echsen, einige Vögel wie die Spechte und Ameisenbären. Igel und Spitzmäuse sind ebenfalls Insektenfresser, ergänzen ihre Ernährung gelegentlich aber durch bereits tote Tiere.

Fischfresser

Einige Fleischfresser ernähren sich von Fisch. Zu den Fischfressern gehören Meeresräuber wie Hai, Robbe, Seehund und Walross, außerdem Vögel wie Fischadler und Pelikan und auch der Otter, ein im Wasser lebendes Säugetier.

Bluttrinker

Wenn eine Stechmücke sticht, hat sie es auf unser Blut abgesehen. In Süd-amerika beißt die Vampir-fledermaus mit ihren beiden scharfen Eckzähnen Vögel, Tapire, Rinder und manchmal auch Menschen und saugt ihnen etwas Blut aus.

Aasfresser

Geier und Hyänen sind Aas-fresser. Sie jagen nicht selbst, sondern fressen die Kadaver der Tiere, die von den Raub-tieren zurückgelassen werden.

Kotfresser

Diese Tiere fressen weder Fleisch noch Pflanzen. Statt-dessen ernähren sie sich von dem Kot anderer Tiere – wie dieser Pillendreher hier, der seine Vorräte über die Waldwege rollt.

DIE NAHRUNGSKETTE

Die Pflanzenfresser werden von Fleischfressern gefressen, die ihrerseits wieder zur Beute anderer Fleischfresser werden können. Beide ernähren nach ihrem Tod die Aasfresser. Die tierischen Reste werden von Bakterien, Würmern oder Asseln verwertet. Sie zersetzen die Überreste und erzeugen somit Humus, auf dem Pflanzen wachsen. Die Pflanzen wiederum werden von den Pflanzenfressern gefressen. So schließt sich die Nahrungskette und der Kreislauf beginnt von neuem.

Die Grundlage der Nahrungskette bilden die Pflanzen. Sie sind Nahrungsproduzenten für alle Tiere, die Nahrungskonsumenten sind.

Eine Nahrungskette an Land

In unserem Beispiel beginnt die Nahrungskette mit dem Baum, dessen Blätter von Raupen gefressen werden. Die Raupe ist der erste Konsument und wird ihrerseits von der Grasmücke (ein Vogel) oder einem Igel gefressen. Die Grasmücke wird vom Sperber, der Igel vom Fuchs gefressen. Diese beiden Tiere haben keine Feinde und

Eine Nahrungskette im Meer

Im Ozean beginnt die Nahrungskette mit dem Plankton, das sich aus winzigen Algen, Fischlarven, Krebstieren und Quallen zusammensetzt. Das unter der Oberfläche treibende Plankton wird von Garnelen und anderen Krebstieren (sowie von Bartenwalen) gefressen. Die Garnelen werden von Heringen und anderen Fischen gefressen, die ihrerseits zur Beute der Robben und Raubfische werden. Robben werden von Schwertwalen gejagt, die neben den Haien die Spitze der Nahrungskette bilden. Ihr einziger Feind ist der Mensch.

Fressen und gefressen werden

stehen an der Spitze der Nahungskette, die in Form einer Pyramide dargestellt werden kann: Sie sind Konsumenten der höchsten Ordnung.

Ein empfindliches Gleichgewicht

Die Nahrungskette macht deutlich, dass alle Tiere, die einen Lebensraum teilen, voneinander abhängig sind. Und jedes Tier ist abhängig von seinem Lebensraum. Das kann der Wald, das Grasland oder die Wüste sein. Jedes Tier hat sich im Verlauf der Evolution dem verfügbaren Nahrungsangebot angepasst. Das Gebiss, der Verdauungsapparat und die Lebensweise sind Ergebnis dieser Anpassung.

Zerstörte Lebensräume

Zwischen den Bewohnern und ihrem Lebensraum herrscht ein empfindliches Gleichgewicht. Ein Koala, der keine Eukalyptusbäume mehr findet, wird sterben, da er sich nur davon ernährt. Jedes Mal, wenn ein Lebensraum zerstört oder verschmutzt wird, bringt man eine komplette Nahrungskette durcheinander. Die betroffenen Tiere sind ernsthaft bedroht. Läuft ein Öltanker im Meer aus, können die ölverschmierten Vögel nicht mehr fliegen und die vom Öl verschonten Tiere keine Fische mehr fressen. Die Algen sind vergiftet und sind als Nahrung unbrauchbar.

Das fehlende Glied

Wenn ein einzelnes Glied einer Nahrungskette zerstört wird, bricht das empfindliche Gleichgewicht zusammen. Verschwinden zum Beispiel die Löwen, die in der Savanne an der Spitze der Nahrungskette stehen, nimmt die Zahl der Zebras und Gazellen so stark

zu, dass das gesamte Gras abgefressen wird. Da es nicht schnell genug nachwächst, müssten die Pflanzenfresser Hunger leiden.

JÄGER UND FISCHER

Ein Jäger muss häufig Ausdauer beweisen, bevor er an seine Ration Fleisch herankommt. Ein Löwe zum Beispiel jagt bis zu 10 Stunden lang. Ein Raubtier muss sein Jagd- oder Fischfangrevier genau kennen. Auch Gerissenheit gehört zu einem Jäger oder Fischer. Jedes Raubtier hat seine eigene Strategie, die der Umgebung und der jeweiligen Beute angepasst ist.

Jagende Einzelgänger

Der Leopard ist ein Einzelgänger. Meistens lauert er seiner Beute auf. Als ausgezeichneter Kletterer steigt er 7 oder 8 m in einen Baum hinauf und wartet, bis seine Beute nahe genug ist, um sie von oben anspringen zu können. Manchmal schleicht der Leopard sich aber auch an seine Beute heran. Er sucht sich dabei ein abseits stehendes Tier aus und nähert sich ihm, ohne gesehen oder gerochen zu werden. Er bleibt stehen, wenn das Beutetier stehen bleibt, und kriecht die letzten Meter. Hat das Opfer ihn endlich entdeckt, ist es zu spät. Der Leopard stürzt sich mit über 60 km/h auf das Tier, bringt es mit seinem Gewicht zu Fall und schlägt seine 4 dolchartigen Fangzähne in seinen Hals.

Die Eule erkundet nachts ihr Jagdrevier, indem sie von Baum zu Baum fliegt und auf Geräusche achtet. Wenn sie eine Beute ausgemacht hat, stellt sie sicher, dass kein Hindernis im Weg ist, und stürzt sich mit nach vorn gestreckten Fängen auf das Tier.

Jagd im Verband

Bei den Löwen jagen die Männchen meist allein. Die Löwinnen dagegen jagen gemeinsam, denn so können sie auch größere Beutetiere erlegen. Sie jagen 500 kg schwere Büffel, während sie selbst nur 120 kg wiegen. Am liebsten jagen sie nachts. Eine Löwin spürt die Beute auf, verfolgt sie und treibt sie auf die anderen Löwinnen zu, die im Hinterhalt warten. Die Meute krallt sich an das Opfer und bringt es zu Fall.

Wie Raubtiere auf Beutefang gehen

Fischfang der Bären

Braunbären fressen die Lachse, die auf ihren Laichwanderungen die Flüsse hinaufschwimmen. Die gerissensten Bären warten an Stellen, an denen die Lachse Hindernisse überspringen müssen. Der Fisch springt ihnen auf diese Weise direkt ins Maul. Andere Bären lauern den von der Reise erschöpften Lachsen auf und erschlagen sie dann mit einem Prankenhieb.

Fischfang im großen Stil

Pelikane fischen häufig in Gruppen und bilden dabei Linien oder Halbkreise. Sie fischen die Fische mit weit geöffnetem Schnabel aus dem Wasser. Der große Schnabel hat einen dehnbaren Kehlsack, der 12 l Wasser fassen kann. Der Pelikan füllt ihn bis oben und schließt den Schnabel. Er schluckt die gefangenen Fische und kippt dann das Wasser seitlich aus seinem Schnabel.

Sobald der Sägefisch einen Schwarm Meeräschen oder Sardinen entdeckt hat, schwimmt er mitten hinein und erschlägt die Fische mit seiner Säge, die mit 24 bis 32 Paar scharfen Spitzen besetzt ist. Anschließend liest er die verletzten und toten Fische vom Grund auf.

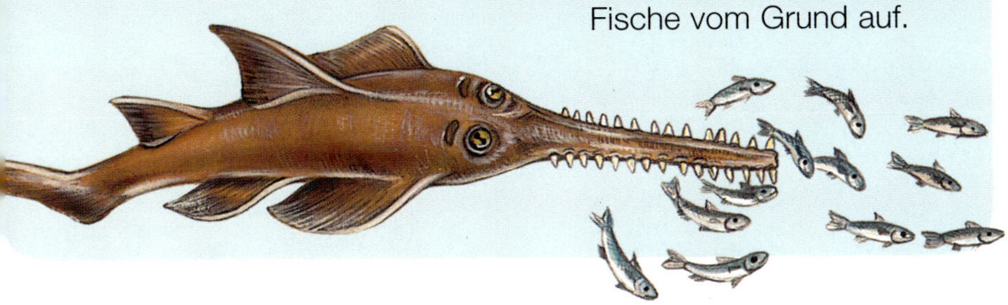

Das Spinnennetz

Die Seidenfäden der Spinne sind eine perfekte Insektenfalle. Die Jägerin wartet auf ihrem Netz, bis die Fäden sich bewegen. Das ist das Zeichen, dass ein Tier in die Falle gegangen ist. Das Opfer wird entweder gleich gefressen oder eingesponnen.

Wasserspucker

Der Schützenfisch macht Jagd auf Insekten, indem er sie von unten mit Wasser bespuckt. Er kann bis zu 2 m weit spucken. Das benommene Insekt fällt dem Fisch direkt ins Maul.

RÄUBER UND IHRE WAFFEN

Raubtiere haben nicht nur ein gut funktionierendes Gehirn, mit dem sie ihr Jagdrevier und die Gewohnheiten ihrer Beutetiere erforschen, sondern auch hoch entwickelte Sinnesorgane. Je nach Art wird ein Sinnesorgan bevorzugt benutzt. Daneben besitzen die Tiere gefährliche Waffen, mit denen sie ihre Opfer fangen und töten.

Australische Pythonschlangen ernähren sich normalerweise von Geckos, die sie lebendig verschlingen. Wenn sie eine Maus fangen, wird sie zuvor im Würgegriff erstickt. Die Boa constrictor wendet die gleiche Technik an, wenn sie Gazellen tötet.

Die Waffen

Greifvögel haben einen Hakenschnabel mit scharfen Kanten, der wie eine Schere in das Fleisch der Beutetiere schneidet. Falken haben am Schnabelrand eine zahnförmige Spitze, mit der sie ihren Opfern das Genick brechen.

Raubtiere besitzen kräftige Kiefer und sehr spitze Eckzähne, die man Fangzähne nennt. Sie werden wie Dolche eingesetzt. Mit diesen Waffen töten sie ihre Opfer. Meist beißen sie dem Beutetier in den Hals und durchtrennen dabei die Arterien, sodass das Tier schnell verblutet.

Viele Greifvögel töten mit ihren Fängen. Während sie die Beute ergreifen, durchstoßen sie lebenswichtige Organe wie das Herz oder zerdrücken die Knochen mit ihren scharfen, gebogenen Krallen.

Katzen fahren ihre Krallen erst aus, wenn sie ihre Beute anspringen und sich in sie krallen – oder wenn sie die Beute zerteilen.

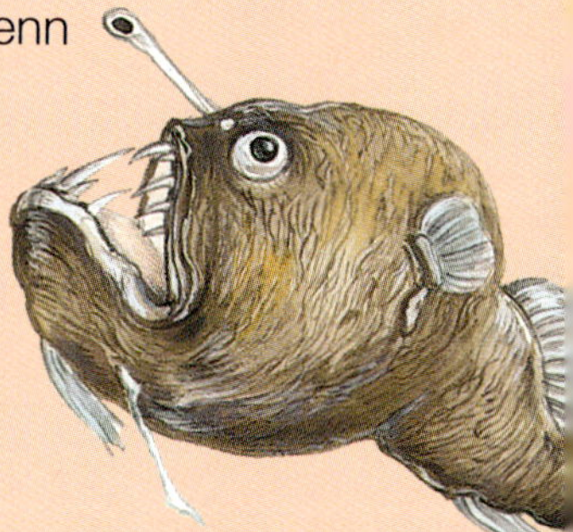

Der Tiefseeangler lockt die Beutetiere mit einem leuchtenden Köderfortsatz an der Rückenflosse in sein großes Maul.

Das Chamäleon fängt Insekten mit seiner langen, klebrigen Zunge.

Aufspüren, jagen und töten

Die Sinne

Greifvögel kommen auf der Jagd ihre scharfen Augen zugute. Sie sehen 4-mal mehr Details als ein Mensch und entdecken eine Beute aus mehreren Kilometern Entfernung. Sie schätzen die Distanz zwischen sich und der Beute genau ab. Diese Gabe haben auch Raubkatzen. Katzen wie der Luchs und nachtaktive Greifvögel wie der Uhu haben Augen, deren Pupillen sich bei Dunkelheit stark vergrößern. Damit sehen sie auch nachts.

Einige Tiere haben ein ausgezeichnetes Gehör, das auch sehr leise Töne wahrnimmt. Die Fledermaus jagt ausschließlich mit dem Gehör, indem sie die Echoortung benutzt *(siehe S. 32)*.

Fuchs, Hund und Wolf haben einen ausgeprägten Geruchssinn. Sie spüren ihre Beute mit der Nase auf, lange bevor sie sie sehen oder hören. Sie besitzen ein spezielles Organ, das Jacobson'sche Organ, das allerdings nicht so hoch entwickelt ist wie bei der Schlange (*siehe S. 27*). Es dient der Auswertung der einzelnen Gerüche.

Fische besitzen an ihren Flanken ein besonderes Organ, mit dem sie Schwingungen im Wasser wahrnehmen können, die von Bewegungen anderer Fische ausgelöst werden. Diese so genannten Seitenlinien sind bei Raubfischen, die sich von anderen Fischen ernähren, besser entwickelt – zum Beispiel beim Hecht.

Giftdrüsen

Vipern haben lange Giftzähne, die sie in Ruhestellung gegen den Gaumen klappen. Wenn sie angreifen, reißen sie ihr Maul mit den nach vorn ragenden Giftzähnen auf. Sie schlagen die Zähne in das Fleisch ihres Opfers. Das Gift kommt aus einer Giftdrüse an der Zahnwurzel. Es ruft innere Blutungen hervor, die zum schnellen Tod der Beutetiere führen.

Einige Spitzmäuse haben Gift in ihren Speicheldrüsen gelagert. Beim Zubeißen vergiften sie ihre Beute. Auf diese Weise können beispielsweise Wasserspitzmäuse Fische und Molche fangen, die größer sind als sie.

VORRATSHALTUNG

Nicht alle Tiere leben in den Tag hinein wie die Grille aus der Fabel von La Fontaine: Sie sang den ganzen Sommer über und stand mit leeren Händen da, als der Herbst kam. Sie musste die Ameise um Nahrung bitten. Die Ameise ist wie viele andere Tiere vorausschauend und legt Vorräte für die Zeit an, in der es schwierig ist, Nahrung zu finden.

Die Honigtopfameisen ernähren sich von Blütennektar und Honigtau, einem süßen Saft, den Läuse erzeugen. Diese sommerlichen Genüsse werden im aufgeblähten Hinterleib von Arbeiterinnen gespeichert, die ihr Leben lang von der Decke des Ameisennests hängen. Sie ernähren die anderen Ameisen der Kolonie, wenn die Nahrung knapp ist.

Außer Reichweite

Ein Leopard geht nur ungefähr alle 3 Tage auf die Jagd. Ein Weibchen, das seine Jungen ernähren muss, jagt doppelt so oft. Eine große Beute bietet Nahrung für knapp 2 Wochen. Doch Aasfresser wie Hyänen und Schakale setzen der Raubkatze manchmal so zu, dass sie die Beute aufgibt. Der Leopard hat allerdings eine Möglichkeit, den Aasfressern zu entkommen: Der ausgezeichnete Kletterer zieht seine Beute auf einen Baum und kann sie dort ungestört genießen. Lange kann er das Fleisch allerdings nicht lagern, da es sich im tropischen Klima Afrikas und Asiens schnell zersetzt.

Luftiger Vorratsspeicher

Der Raubwürger lebt im gemäßigten Klima der nördlichen Halbkugel. Die Nagetiere und Vögel, die er fängt, können für Schlechtwettertage oder für eine kommende Brut gelagert werden. Der Vogel spießt seine Beute dazu auf die harten Dornen eines Schlehdornbusches oder im Notfall auch auf Stacheldraht.

Reserven für schlechte Tage

Schlammiges Versteck

Eine Hyäne frisst bis zu 15 kg Fleisch pro Mahlzeit. Doch die Beutetiere, die Hyänen jagen oder den Raubkatzen abspenstig machen, sind häufig größer als sie selbst. Da sie aber nichts verschwenden und ihre Beute nicht den Geiern und anderen Aas fressenden Vögeln überlassen wollen, verstecken die Fleckenhyänen ihre Beute manchmal im Schlamm der Tümpel. Dort ist sie vor anderen Tieren sicher. Die Hyänen haben ein gutes Gedächtnis und kehren zu den Verstecken zurück, wenn sie der Hunger plagt.

Vergessene Reserven

Eichhörnchen haben ein schlechtes Erinnerungsvermögen. Die Nagetiere verstecken Kiefernsamen und Nüsse als Vorräte für den Winter, weil sie dann im Wald kaum noch Nahrung finden. Meist vergraben sie ihre Schätze am Fuß der Bäume. Doch häufig finden sie ihre Vorratskammern nicht mehr. Die vergesslichen Tiere fördern dadurch unwissentlich das Wachstum neuer Bäume!

Unterirdischer Speicher

Auch Fleischfresser wie der Puma, der Tiger und der Fuchs lagern Beute in der Erde. Wenn das Jagdglück sie verlässt, haben sie immer eine Reserve, auf die sie zurückgreifen können.

Der Maulwurf hat meistens keine Probleme damit, Nahrung zu finden. Die Regenwürmer fallen ganz von alleine in die unterirdischen Gänge, wenn sie sich durch den Boden graben. Auch Insektenlarven werden dort abgelegt. Ein Maulwurf frisst zwischen 40 und 50 g Würmer pro Tag. Damit er jeden Tag seine Ration bekommt, legt der Maulwurf am Ende eines Tunnels einen Vorratsspeicher an. Dort lagert er lebende Regenwürmer, die er mit einem Biss betäubt. Im Vorratsspeicher eines Maulwurfs wurden einmal 1300 Regenwürmer gefunden!

BEUTETIERE UND IHRE WAFFEN

Die Beutetiere sind den Raubtieren nicht immer wehrlos ausgeliefert. Alle Tiere wittern instinktiv Gefahren und haben Sinnesorgane, die sie rechtzeitig warnen. Manchmal können sie die Bedrohung abwehren, indem sie die Waffen einsetzen, die die Natur ihnen mitgegeben hat. Einige Tiere verstecken sich unter einem Panzer oder schrecken ihre Feinde mit Stacheln oder nesselnden Haaren ab. Andere Tiere gehen zum Gegenangriff über und sondern teils sehr giftige Stoffe ab.

Wer zu nahe kommt...

Der Körper des Igels ist mit Stacheln überzogen, die aus zusammengeklebten Haaren bestehen. Sie bilden sich bereits einige Stunden nach der Geburt. Bei Gefahr rollt sich der Igel zusammen und schützt so Kopf und Beine.

...wird gestochen!

Sobald der Igelfisch Gefahr wittert, schluckt er Wasser, bis er sein Volumen verdreifacht hat und sein ansonsten lang gezogener Körper kugelrund ist. So schreckt er den Gegner ab. Zusätzlich stellt er seine Stacheln auf.

Im Gegensatz zu den anderen Echsen bewegt sich der in der australischen Wüste heimische Dornteufel sehr langsam, verweilt lange an einem Ort und frisst in aller Ruhe Ameisen. Er wäre eine leichte Beute, wenn er nicht eine gefährliche Rüstung aus spitzen Stacheln besäße, die seinen ganzen Körper bedeckt.

Geschützt...

Der Gürtelschweif hat am Rücken spitze Schuppen. Wenn er sich bedroht fühlt, rollt er sich zusammen und nimmt seinen Schwanz zwischen die Zähne. So schützt er seinen Bauch, der sein verwundbarster Körperteil ist, vor Angriffen der Räuber.

...im Panzer

Das Gürteltier ist ein Säugetier, das von einem Rückenpanzer geschützt wird. Dieser setzt sich aus Knochenplatten zusammen, die mit harter Haut überzogen sind. Wenn sich das Gürteltier einrollt, ist es unangreifbar.

Panzer, Giftstachel und Nesselzellen

Abstoßender Geruch

Ein bedrohter Feuersalamander senkt den Kopf und zeigt Angreifern wie Spitzmaus, Vogel oder Schlange die Drüsen an der Kopfoberseite. Diese Drüsen scheiden giftige Stoffe aus, die fürchterlich stinken. Die schwarz-gelbe Musterung soll den Angreifer warnen.

Nesselnde Haare

Einige Raupenarten besitzen so genannte Brennhaare, auf denen Nesselzellen sitzen. Diese lösen bei Berührung ein starkes Brennen aus – als würde man eine Brennnessel anfassen. Ein zweites Mal wird man das nicht riskieren.

Giftige Tiere

In allen Tierfamilien, außer bei den Vögeln, gibt es giftige Tiere. Das von speziellen Drüsen ausgeschiedene Gift dient dem Beutefang und der Verteidigung. Die Skorpione stechen mit einem Giftstachel am Schwanzende zu. Der Stich der giftigsten Arten ist für die Beutetiere fast augenblicklich tödlich.

Das männliche Schnabeltier besitzt an jedem Hinterbein einen Giftsporn, den es einem Angreifer kraftvoll ins Fleisch stößt. Der Stich bewirkt ein äußerst schmerzhaftes Anschwellen.

Schnabeltier

Skorpion

Kegelschnecke

Portugiesische Galeere

Kegelschnecken besitzen ein sehr wirksames Gift. Sie spritzen es über eine Art Harpune ein, die blitzschnell hervorschießt. Ein großer Fisch wird innerhalb weniger Sekunden gelähmt. Das Gift einiger Kegelschnecken kann selbst für Menschen tödlich sein.

Die Portugiesische Galeere ist eine Qualle der warmen Meere. Sie besitzt lange Tentakel, auf denen sehr giftige Nesselzellen sitzen. Ihr Gift lähmt und tötet einen Fisch und kann auch für Menschen sehr gefährlich werden.

VERTEIDIGUNG

ABWEHRMASSNAHMEN

Beutetiere besitzen ebenso vielfältige Verteidigungsstrategien wie die Raubtiere Angriffswaffen haben. Nicht wenige Tiere können im Verteidigungsfall verschiedene Stoffe freisetzen. Meist töten diese Stoffe nicht, sondern machen den Angreifer nur einen Moment lang unschädlich, sodass ausreichend Zeit zur Flucht bleibt. Andere Tiere setzen bei der Verteidigung auf harmlosere Mittel, z. B. Tarnung.

Im Netz gefangen

Die langsam über den Meeresgrund ziehenden Seegurken wären für viele Angreifer eine leichte Beute. Doch sie besitzen eindrucksvolle Mittel zu ihrer Verteidigung. Einige von ihnen sind giftig, andere scheiden bei einem Angriff blitzschnell klebrige Fäden aus dem After aus, die sie wie ein Netz über ihren Angreifer – hier einen Seestern – werfen.

Hinter einem Nebel aus Tinte

Kraken und die verwandten Tintenfische können je nach Meereshintergrund ihre Farbe verändern und sich fast unsichtbar machen. Wenn diese Tarnung die Räuber nicht fern hält, greifen die Kopffüßer zu einer anderen Strategie: Sie verspritzen schwarze Tinte aus einem Beutel im Körperinnern und nutzen die entstehende Verwirrung zur Flucht.

Der Geißelskorpion Mastigoproctus giganteus besitzt keinen Giftstachel wie die anderen Skorpione. Dafür spritzt er einen Giftstrahl bis zu 40 cm weit. Hat ein Feind so dicke Haut, dass ihn das Gift nicht lähmt, besprüht sich der Skorpion selbst und wird damit ungenießbar.

Stinkende Abwehr

Stinktier, Iltis, Dachs und Nerz besitzen wie alle Marderartigen Analdrüsen, die eine stinkende Flüssigkeit absondern. Mit diese markieren sie ihr Revier, doch gegebenenfalls dient sie auch der Verteidigung. Bei Gefahr hebt das Stinktier den Schwanz streckt die Hinterbeine in die Luft und spritzt bis zu 3 m weit einen stinkenden Strahl auf den Feind.

Stinkendes Gas, klebrige Flüssigkeiten und Stromstöße

Zurück!

Der Bombardierkäfer verdankt seinen Namen der „Kanone“ an seinem Hinterleib. Sie verspritzt in alle möglichen Richtungen ein explosives und fürchterlich stinkendes Gas, das in einer speziellen Kammer im Hinterleib erzeugt wird. Damit hält er sich Ameisen und Spinnen und sogar Frösche vom Leib. Die unten abgebildete Krötenechse schüchtert ihre Feinde mit blutigen Tränen ein, die aus den Augen rollen.

Elektrische Fische

Einige Fische besitzen abgewandelte Muskeln, die Elektrizität erzeugen und abgeben. Meist benutzen die Fische das elektrische System als eine Art Sonar, um in trüben Gewässern, Flüssen, schlammigen Seen oder Küstengewässern ihre Beute aufzuspüren. Mit den elektrischen Entladungen lähmen sie gleichzeitig ihre Beutetiere. Die Fische, die die stärksten Stromstöße abgeben, können damit sogar töten. Doch auch sie selbst werden von Räubern gejagt. In diesem Fall dient der kräftige Stromstoß der Abschreckung.

Der Zitteraal ist ein Bewohner tropischer Flüsse. Er besitzt an seinen Flanken das stärkste elektrische Organ der gesamten Tierwelt. Die Entladungen von 600 Volt können einen Menschen betäuben.

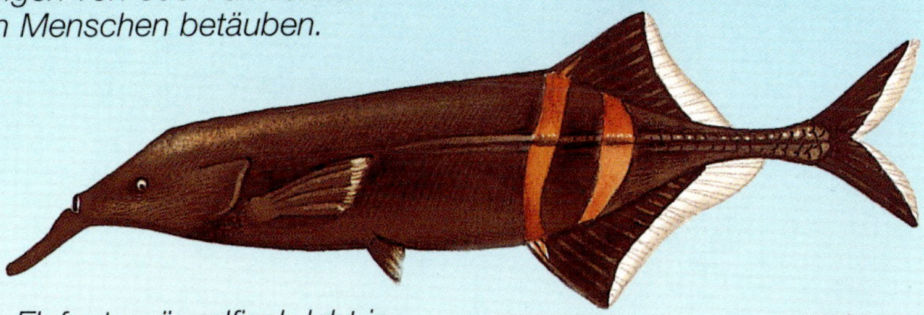

Der Elefantenrüsselfisch lebt in afrikanischen Flüssen und Seen. Seine Stromstöße sind recht schwach.

Der Zitterrochen kann die Stromstärke regulieren. Zum Aufspüren von Beutetieren und Räubern sendet er schwache Stromstöße aus. Will er sie töten, sind die Entladungen stärker.

VERTEIDIGUNG
GEMEINSAM STARK

Wie schützt man sich vor Raubtieren, wenn man weder Verteidigungswaffen noch Tarnung besitzt? Viele Tiere die im offenen Meer, im weiten Grasland oder am endlosen Himmel leben, wären ihren Feinden schutzlos ausgeliefert, wenn es nicht eine weitere Verteidigungsmöglichkeit gäbe: Sie treten stets in Gruppen auf. Die Herden der Pflanzen fressenden Säugetiere der afrikanischen Savanne, die Vogelkolonien und die Fischschwärme scheinen ein leichtes Ziel für Raubtiere zu sein, da man sie schon von weitem erkennt. Doch jedes einzelne Tier wird durch die Masse besser geschützt, als es sich alleine je schützen könnte.

Fischschwärme

Jede sechste Fischart lebt in Schwärmen. Die größten Fischbänke sind mehrere dutzend Meter lang. Die große Masse an Fischen schreckt kleine Räuber ab. Große Räuber schwimmen dagegen mitten in den Schwarm, doch jeder Fisch hat größere Überlebenschancen in der Gruppe. Der Fischschwarm hält gemeinsam Wache, um den Feind schneller wahrzunehmen. Bei Gefahr rückt der Schwarm entweder zu einer kompakten Masse zusammen, die dem Räuber wenig Angriffsfläche bietet, oder zerstreut sich in alle Richtungen. In diesem Fall weiß der Räuber nicht mehr, wen er verfolgen soll. Gestreifte oder gefleckte Fische haben noch bessere Überlebenschancen. Im Wasser verwischen sich die Farbstreifen und verschwimmen miteinander. Für einen Raubfisch wird es schwierig, die einzelnen Fische zu unterscheiden und in der Verwirrung ist die Ausbeute geringer.

Vogelkolonien

Viele Vögel schließen sich nur während der Nistzeit zusammen, um ihren Nestern mehr Schutz zu bieten. Einige Vögel wie zum Beispiel die Stare leben ständig in Schwärmen. Ein Starennistplatz kann bis zu 2 Millionen Vögel zählen. Für jeden Vogel bedeutet die gemeinsame Wachsamkeit mehr Zeit für Schlaf und

Das gestreifte Muster dieser Korallenfische, die sich nur im Schwarm bewegen, verwirrt angreifende Räuber.

Einer für alle und alle für einen

Ein Starenschwarm im Flug

Nahrungssuche. Allein wäre alles viel anstrengender. Auch im Flug schützen sich die Tiere gegenseitig. Es kommt sogar vor, dass sich ein Starenschwarm, der aufgrund der zahlenmäßigen Überlegenheit mutig wird, auf einen sich nähernden Uhu stürzt. Die Stare setzen ihm so lange zu, bis er fortfliegt.

Herden von Pflanzenfressern

Die großen Pflanzenfresser der afrikanischen Savanne – Zebras, Antilopen, Gnus, Giraffen u. a. – sind der ständigen Bedrohung durch schnelle Raubtiere ausgesetzt. Daher schließen sie sich zu Herden zusammen. Während die meisten Tiere weiden, halten einige andere Wache. Beim gemeinsamen Grasen Seite an Seite profitieren auch verschiedene Tierarten von der Wachsamkeit ihrer Nachbarn. Wenn Alarm geschlagen wird, wirbeln hunderte oder tausende flüchtender Tiere große Wolken Staub auf, die dem Angreifer die Sicht nehmen. Der Nachteil dabei ist, dass die Schwächsten in solchen Situationen leichte Beute sind.

Der Löwe greift häufig dann an, wenn Zebras oder Gazellen trinken. Daher kommen die Tiere in Gruppen zur Wasserstelle. Einige trinken, während die anderen Wache halten.

TÄUSCHUNGSMANÖVER

Kleine Tiere wie die Insekten sind gegenüber Vögeln und anderen Räubern relativ wehrlos. Zu ihrer Verteidigung entwickelten sie daher verschiedene Täuschungsmanöver. Entweder passen sie sich in Form und Farbe ihrem Lebensraum perfekt an oder sie geben sich als andere Tiere aus. Tarnung und Nachahmung haben das gleiche Ziel: Sie sollen die Räuber verwirren, sodass sie sich fern halten. Tiere mit auffälligen Warnfarben wollen die Räuber abschrecken.

Einige Raupen von Schmetterlingen schrecken Angreifer ab, indem sie ihre Form verändern. Sie richten sich auf und blähen den Vorderleib auf. So sehen sie aus wie der Kopf einer zum Angriff bereiten Schlange.

Kommt ein Vogel einem Nachtkerzenschwärmer zu nahe, entfaltet der Schmetterling seine Flügel, auf denen riesige falsche Augen prangen. Die Angreifer weichen erschrocken zurück.

Die Raupe des Großen Gabelschwanzes zeigt ihren Feinden eine Furcht erregende Maske mit falschen Augen, falscher Nase und falschem Mund.

Die Raupe des Wolfsmilchschwärmers versteckt sich nicht. Ihre leuchtenden Farben weisen darauf hin, dass sie fürchterlich schmeckt.

Die Farben Gelb, Orange, Rot und Schwarz sind bei Insekten meist Warnsignale.

Insekten sind Meister der Tarnung

Diese Heuschrecke ist in ihrer natürlichen Umgebung perfekt getarnt. In Farbe und Form ähnelt sie einem Blatt.

Die einzelnen Glieder dieser Gespenstschrecke kann man leicht mit einem Zweig verwechseln.

Die Schwebfliege ähnelt der Wespe, ist aber eine Fliege und hat auch keinen Giftstachel. Die Feinde lassen sich von der schwarz-gelben Färbung täuschen.

Der Hornissenschwärmer ahmt die Hornisse nach, der Räuber lieber aus dem Weg gehen. Der Falter hat sogar ihre durchsichtigen Flügel.

Einige tropische Gottesanbeterinnen sehen den Orchideen, auf denen sie sitzen, zum Verwechseln ähnlich.

Grillen hört man häufig, doch man sieht sie nur selten. Auf dem Stamm eines Mandelbaums sind sie kaum auszumachen.

TÄUSCHUNGSMANÖVER

Im gesamten Tierreich dienen Tarnung und Nachahmung der Verteidigung. In der Natur ist Unauffälligkeit das einfachste Mittel, einem Räuber zu entgehen. Daher sind Farbe und Musterung des Tierkleides sehr wichtig. Auch Unbeweglichkeit kann das Überleben sichern. Im ewigen Versteckspiel zwischen Raub- und Beutetieren wenden jedoch beide Parteien diese Tricks an: Die Streifen des Tigers, der mit großer Ausdauer auf der Lauer liegen kann, tarnen ihn zum Leidwesen seiner Opfer sehr gut.

Wie viele andere Tiere des hohen Nordens verändert auch das Hermelin die Fellfarbe je nach Jahreszeit. Sein braunrotes Sommerfell wird im Winter ganz weiß, sodass es sich kaum vom Schnee abhebt. Die Tarnung ist aber nicht ganz perfekt: Das Schwanzende bleibt immer schwarz.

Die kleine Echse nimmt Musterung und Farbe der Borke an und ist fast nicht mehr zu erkennen.

Links sieht man eine giftige Korallenotter und rechts eine harmlose Natter. Räuber halten sich von beiden fern.

Die flache Seezunge hebt sich kaum vom Meeresboden ab und passt zudem noch ihre Farbe an. So ist sie kaum zu erkennen.

Im sicheren Versteck

Sobald das Chamäleon Gefahr wittert, wechselt es die Farbe. Für den Wechsel von grün zu braun braucht es nur 3 Minuten. Danach ist es seiner Umgebung perfekt angepasst.

Der Eulenschwalm ist ein australischer Vogel. Er hat die Farbe der Äste. Bei Gefahr verbessert er seine Tarnung, indem er sich versteift, den Kopf nach oben reckt und damit wie ein abgestorbener Ast aussieht.

Im Ozean findet man sämtliche Täuschungsmanöver, die es auch an Land gibt. Der Mirakelbarsch hat zum Beispiel ein falsches Auge auf seinem Körper und tarnt seine echten Augen mit Punktmuster. Die Räuber wollen den Kopf angreifen und zielen auf das falsche Auge, das allerdings wie durch ein Wunder entschwindet.

Krake, Tintenfisch und zahlreiche Krebstiere verändern die Farbe, um sich dem Meeresboden anzupassen.

Farben als Warnung

Wie bei den Insekten bedeuten grelle Farben auch im Ozean, dass man sich besser fern halten sollte. Die Farbenvielfalt ist im Meer sogar noch größer als an Land.

Meeresnacktschnecken haben kein Gehäuse. Die Weichtiere schützen sich mit kräftigen Farben.

Die bunten Pfeilgiftfrösche wie der Erdbeerfrosch sind hochgiftig. Die rote Färbung des Anglerfischs (siehe unten) gibt den Feinden ein deutliches Warnsignal.

FLUCHT

Wenn alle Verteidigungsstrategien fehlschlagen und der Feind seine Beute entdeckt hat, gibt es für das Opfer nur noch eine Möglichkeit, dem Tod von der Schippe zu springen: Flucht. Im entscheidenden Moment, in dem der Räuber zuschlagen will, wenden die Tiere alle möglichen Tricks und Ablenkungsmanöver an, um ihren Feind zu verwirren und ihr Leben zu retten!

Ein aufgespürter Hase macht einen riesigen Satz und hoppelt in wildem Zickzack davon. Sein Vorteil ist seine Schnelligkeit – er erreicht bis zu 70 km/h. Außerdem führt er den Verfolger in die Irre, indem er Dickichte und Wasserläufe durchquert oder sich zwischen Kühen verbirgt, die seinen Geruch überdecken.

Selbstverstümmelung

Einer Spinne ①, die ein oder mehrere Beine verliert, wachsen innerhalb einiger Wochen neue, absolut identische Beine nach. Zu ihrer Verteidigung opfert sie bei einem Angriff ohne Bedenken ein Bein, da es sich ja neu bildet.

Eine Eidechse ②, die sich angegriffen fühlt, wedelt heftig mit dem Schwanz. So lenkt sie die Aufmerksamkeit des Angreifers ab, der den Schwanz für ihren Kopf hält. Sobald er in den Schwanz beißt, fällt er ab und zappelt einige Minuten lang weiter. Diese Zeit nutzt die Eidechse zur Flucht. Ein neuer Schwanz wird bald nachwachsen. Auch dieser kann wieder abfallen.

Krebse ③ und andere Schalentiere opfern eine Schere oder ein Bein, wenn sie angegriffen werden. Die Gliedmaßen bilden sich allerdings nur bei Jungtieren im Wachstum neu.

Auch die Seesterne ④ können sich selbst verstümmeln und einen Arm opfern, der problemlos nachwächst. Manchmal ist der neue Arm allerdings nicht ganz perfekt und etwas kleiner als der ursprüngliche.

Mit Tricks sein Leben retten

Sich tot stellen

Viele Vögel lenken die Aufmerksamkeit eines Räubers von ihren Küken ab, indem sie sich zu Boden fallen lassen und eine Verletzung vortäuschen. Der Räuber will den Vogel greifen, den er für eine leichte Beute hält. Doch der schlaue Vogel fliegt schnell weit weg von seinem Nest. Andere Tiere stellen sich tot. Mir diesem Trick haben sie häufig Erfolg, denn mit Ausnahme der Aasfresser (Hyänen, Geier) fressen Fleischfresser keine Kadaver.

Eine europäische Natter ① legt sich auf den Rücken und verdreht den Kopf, wenn sie sich tot stellt. Wenn man sie jedoch umdreht, nimmt sie ihre ursprüngliche Haltung wieder ein.

Das Virginia-Opossum ②, ein amerikanisches Beuteltier, kann auf der Seite liegend 6 Stunden lang ohne jede Reaktion ausharren. Es regt sich nicht, auch nicht, wenn es geschubst oder gebissen wird. Offenbar ist es vor Angst gelähmt.

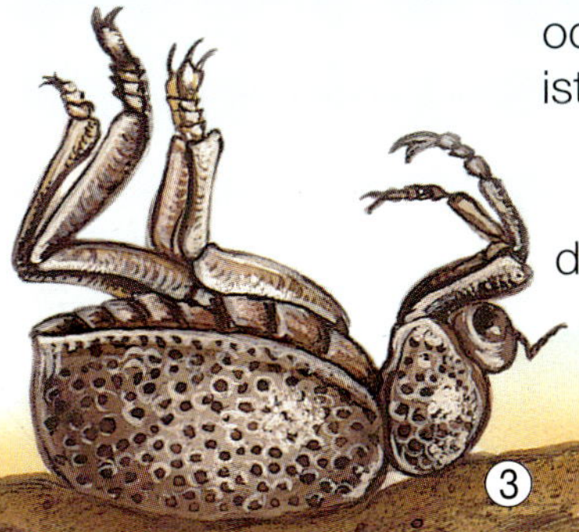

Ein afrikanischer Rüsselkäfer ③, ein Insekt, das nur selten fliegt, kann sich mehrere Minuten lang tot stellen. Er dreht sich auf den Rücken und verharrt regungslos.

Schnell, ein Loch!

Der australische Ameisenigel rollt sich nicht wie unser Igel ein. Er schützt seinen verwundbaren Bauch, indem er innerhalb weniger Sekunden ein Loch in die Erde gräbt. Darin verschwindet er fast vollständig. Nur die gefährlichen Stacheln ragen heraus.

EINEN PARTNER ANLOCKEN

Bei Tieren hat die Begegnung zwischen einem Männchen und einem Weibchen nichts mit den romantischen Gefühlen zu tun, die wir Menschen kennen. Die Fortpflanzung steht im Mittelpunkt. Häufig treffen die Tiere nur einmal im Jahr auf einen Partner. Um sich jedoch mit ihm zu paaren, müssen viele Tiere all ihre Verführungskünste einsetzen.

Aus der Familie der Hühnervögel schlagen Pfau, Truthahn, Auerhahn und Hahn ein Rad, um die Weibchen zu erobern. Das Männchen mit dem schönsten Gefieder wird erwählt. Die übrige Zeit verstecken die Vögel ihren prachtvollen Schwanz, um keine Räuber anzulocken.

Die Kragenechse aus Australien und Neuseeland besitzt um den Hals orangefarbene Hautfalten, die sie wie einen Schirm öffnen kann. Sie entfaltet den Kragen zur Einschüchterung von Feinden und während der Paarungszeit umwirbt das Männchen damit die Weibchen.

Bei den Groppen, einer Fischart im Nordpazifik, ergreift das Weibchen die Initiative. Es verfolgt das Männchen bis in eine Höhle und versperrt den Eingang. Es macht erst Platz, wenn seine Eier befruchtet wurden.

Der männliche Koala brüllt wie ein Tiger, wenn die Paarungszeit beginnt. Die Weibchen lassen sich allerdings manchmal viel Zeit, bis sie seinem Ruf folgen. Das Männchen ist zwischenzeitlich auf dem Eukalyptusbaum eingeschlafen. Die anderen Männchen wissen diese Chance zu nutzen.

Der Hirsch ist ein Einzelgänger. Im Herbst stößt er zu den Herden der Hirschkühe und umwirbt sie mit lauten Rufen. Sein Röhren ist eine Mischung aus Muhen und Brüllen. In Rivalenkämpfen mit dem Geweih muss sich der Platzhirsch behaupten. Das Geweih wird jedes Jahr mächtiger.

Die Kunst der Verführung

Das Männchen des pazifischen Fregattvogels hat ein schwarzes Federkleid. Ein Männchen auf Brautschau bläst seinen knallroten Sack unterhalb der Kehle auf. Wenn es ein Weibchen erobert hat, bekundet es seinen Wunsch zur Paarung, indem es mit den Flügeln schlägt.

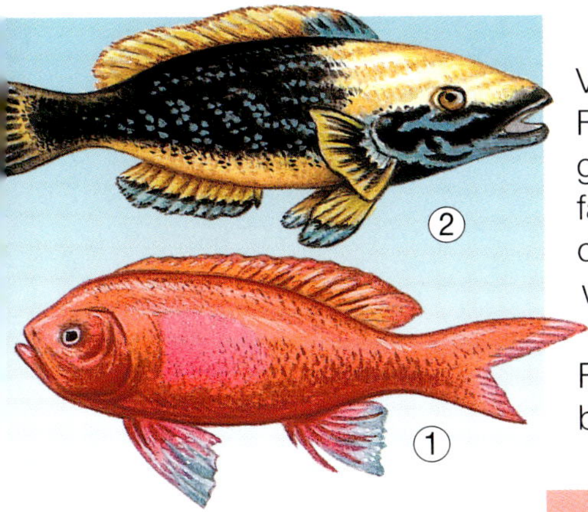

Viele männliche Fische wie der Fahnenbarsch ① haben das ganze Jahr über ein wesentlich farbigeres Schuppenkleid als die Weibchen. Andere Arten wie die Lippfische ② tragen nur im Frühling leuchtendere Farben, wenn sie die Weibchen beeindrucken wollen.

Die auf Neuguinea und in Australien beheimateten Laubenvögel bauen ihren Weibchen eine Liebesfalle. Sie errichten auf dem gründlich gereinigten Boden einen Laubengang aus Stroh und Zweigen und schmücken ihn mit Blumen, Früchten und farbigen Gegenständen.

Manche Vögel, die weniger schön singen können, umwerben die Weibchen auf andere Art und Weise: Der Specht klopft eifrig gegen einen Baumstamm, die Ringeltauben schlagen mit den Flügeln und die Schwäne klappern mit ihrem Schnabel.

Hochzeitsgeschenke

Das Männchen der Küstenseeschwalbe umwirbt seine Gefährtin mit kleinen Fischgeschenken. Später beweist es ihr auf diese Weise seine Zuneigung. Das Meisenmännchen verschenkt Raupen, die Krähenscharbe Algen und der Falke Mäuse.

Die männliche Fliege der Gattung Empis (Tanzfliege) überreicht dem Weibchen eine in einen Kokon eingewickelte Beute: Das Geschenk schützt den Bräutigam davor, während der Paarung gefressen zu werden. Der Papageitaucher bringt seinem Weibchen Zweige für das Nest, das es alleine baut.

PAARUNGSRITUALE

Während der Paarungszeit versucht meist das Männchen, ein oder mehrere Weibchen mit seinen Reizen zu beeindrucken. Bei einigen Vögeln und Fischen kommen sich Männchen und Weibchen in einem gemeinsamen Tanz näher. Auch dauerhaft miteinander lebende Vögel vollführen jedes Jahr einen Balztanz. Sie bekräftigen damit ihren Wunsch zur Paarung.

Luftballett

Wie viele andere Greifvögel vollführen auch die Fischadler vor der Paarung einen beeindruckenden Balztanz in der Luft. Männchen und Weibchen beschreiben dabei im Flug gemeinsame Kreise oder fliegen übereinander. Manchmal haken sie auch ihre Klauen ineinander und schwingen wie Trapezkünstler, bis sie sich umeinander drehen. Ähnlich akrobatische Kunststückchen vollführen manchmal auch zwei Männchen, die um ein Revier kämpfen.

Im Frühling kann man tanzende Vipern beobachten. Sie schlingen ihre Körper umeinander und richten sich gemeinsam auf. Tatsächlich sind es jedoch zwei Männchen, die um ein Weibchen kämpfen. Der Sieger darf sich paaren. Verlierer ist, wer zuerst nachgibt.

Während des Balztanzes bewegen sich die Seetaucher anmutig auf dem Wasser, bevor sie gemeinsam abtauchen.

Balztänze und anderes Werbeverhalten

Wasserballett

Auch bei den Haien geht der Paarung ein Werbetanz voraus. Männchen und Weibchen drehen sich beim Schwimmen umeinander. Dann beißt das Männchen dem Weibchen in den Rücken und in die Brustflossen und gibt ihm damit zu verstehen, dass es sich paaren will. Das Weibchen wartet nun darauf, dass das Männchen sich an seine Seite legt und es mit einem der beiden Geschlechtsorgane begattet. Dabei drehen sich die beiden Haie weiter umeinander und tauchen in die Tiefe ab.

Ballett an der Oberfläche

Der Balztanz der Seetaucher folgt festen Regeln. Nach der Annäherung und der Kopfschüttel-Zeremonie richten sich Männchen und Weibchen auf und laufen ins Wasser. Dort tauchen beide nacheinander und überreichen sich Wasserpflanzen. Bei einem bereits bestehenden Paar schenkt das Männchen seiner Partnerin einen Fisch.

Der Tanz des Stichlings

Der Stichling ist ein Süßwasserfisch, der normalerweise in Schwärmen lebt. Wenn die Paarungszeit beginnt, verlässt der männliche Stichling den Schwarm und markiert ein Revier. Er baut ein Nest auf dem Meeresboden und färbt sich um. Nun versucht er, ein Weibchen anzulocken, um es zum Nest zu führen.

Das Stichlingmännchen hat eine Partnerin gefunden.

Das Männchen tanzt im Zickzack und lädt das Weibchen ein, ihm zu folgen. Das Weibchen zeigt sein Einverständnis mit einer Kopfbewegung an.

Tanzend führt der Stichling seine Braut zum Nest.

Auf dem Weg zum Nest tanzen beide gemeinsam. Das Männchen ermutigt das Weibchen mit regelmäßigen Berührungen am Bauch. Wenn das Weibchen ihm nicht schnell genug folgt, beißt das Männchen es manchmal in den Schwanz, damit es sich beeilt.

Wenn sich das Paar dem tunnelförmigen Nest nähert, legt sich das Männchen auf die Seite und weist mit dem Kopf in das Nest. Das Weibchen schwimmt hinein.

Der Stichling fordert das Weibchen zur Eiablage auf, indem er mit dem Maul gegen seinen Schwanz stößt. Nach der Eiablage befruchtet er die Eier und übernimmt die Pflege der Nachkommen.

PAARE UND PARTNERSCHAFTEN

Manche Männchen paaren sich während der Paarungszeit mit nur einem Weibchen. Sie sind monogam. Wenn sie sich nacheinander mit mehreren Weibchen paaren, sind sie polygam. Häufig verlassen monogame und polygame Männchen die Partnerin oder die Partnerinnen bald nach dem Geschlechtsakt. Wenn sie bleiben, helfen sie bei der Pflege der Nachkommen oder leben ohnehin in einem Verband.

Bei den Thorshühnchen, einer an Küsten lebenden Vogelart, ist das Weibchen polygam (hier spricht man von Polyandrie). Die größeren und farbenprächtigeren Weibchen vollführen Balztänze und lassen die Männchen die Eier ausbrüten.

Polygame Verbindungen

Am häufigsten geht ein Männchen mit mehreren Weibchen eine Bindung ein. Einige Männchen wie der Hahn umwerben ein Weibchen, paaren sich und werben anschließend um ein anderes. Andere Männchen wie der Orang-Utan oder das Nashorn paaren sich mit allen Weibchen, die durch ihr Revier kommen. Der männliche Hirsch und der Strauß scharen eine Gruppe Weibchen um sich, den so genannten Harem, und verlassen die Weibchen nach der Fortpflanzung wieder. Im nächsten Jahr gehören andere Weibchen zu ihrem Harem. Es gibt aber auch dauerhaftere Harems. Die Burchell-Zebras und die Wildpferde bilden Herden, die sich aus einem Männchen, dem Hengst, mehreren Weibchen, den Stuten, und ihren Fohlen zusammensetzen. Die Herde bleibt das ganze Jahr zusammen. Der Hengst verteidigt sie gegen rivalisierende Männchen. Dachse und Kamele halten sich ebenfalls dauerhafte Harems. Die Löwen sind ein besonderer Fall: Als einzige Raubkatzen leben sie im Verband. Zum Rudel gehören 1 bis 3 Männchen, 5 bis 10 Weibchen und ihre Jungen. Man kann nicht von einem Harem sprechen, da sich mehrere Männchen mit allen Weibchen paaren. Sie bilden auch im weiteren Sinn keine Familie. Die Männchen achten außerhalb der Paarungszeit überhaupt nicht auf die Weibchen. Diese kümmern sich alleine um den Nachwuchs.

Beim Burchell-Zebra gehören 1 Männchen, 6 Weibchen und ihre Jungen zu einem Harem.

Lebenslange Partnerschaften sind die Ausnahme

Quetzale sind prächtige Vögel der Tropen.

Monogame Verbindungen

Weniger als 2 von 10 Tieren, die sich geschlechtlich fortpflanzen, sind monogam. Die meisten von ihnen bleiben nur für die Zeit der Paarung zusammen. Zu ihnen gehören die Paare der Frösche und Kröten, die sich trennen und das Gelege zurücklassen, sobald das Männchen die Eier des Weibchens befruchtet hat. Ebenso verhalten sich die wenigen monogamen Fische wie der Masken-Falterfisch. Die dauerhaftesten Verbindungen bestehen zwischen Tieren, die ihre Nachkommen gemeinsam schützen und aufziehen. Bei Vögeln ist dieser Typ häufig anzutreffen. Männchen und Weibchen wechseln sich beim Brüten ab und füttern die jungen Vögel gemeinsam. Die meisten Vogeleltern wie zum Beispiel Meisen, Schnee-Eulen oder die prachtvollen Quetzale Mittelamerikas, die wahrhaft beispielhafte Eltern sind, trennen sich, sobald die Kleinen das Nest verlassen haben. Im nächsten Jahr bilden sich neue Paare.

Während der Paarungszeit kommen sich Löwe und Löwin näher.

Die Masken-Falterfische leben in Korallenriffen.

Wenn der Partner stirbt, bleibt die Wildgans bis an ihr Lebensende alleine.

Ein Leben lang

Paare, die ein ganzes Leben lang zusammenbleiben, sind sehr selten. Die meisten gehören zu den monogamen Vögeln. Die Paare der Saatkrähe und des Grünspechts verlassen sich nie. Schwäne, Wildgänse, Kraniche und Pinguine trennen sich dagegen für die Zeit der Wanderungen, treffen sich aber jedes Jahr am gleichen Ort wieder, um sich zu paaren. Auch die wenigen monogamen Säugetiere wie Wolf, Schakal und Biber bleiben ein Leben lang zusammen. Dasselbe gilt für Gibbons und Löwenäffchen, die eine Ausnahme unter den Affen sind.

DIE UNGESCHLECHTLICHE VERMEHRUNG

Durch Fortpflanzung entsteht neues Leben und der Fortbestand der Arten wird gesichert. Die ungeschlechtliche Vermehrung ist die einfachste Form der Fortpflanzung. Ein einzelnes Tier zeugt Nachkommen, ohne auf einen Geschlechtspartner angewiesen zu sein. Dieser Nachkomme ist identisch mit seinem Elternteil: Er ist ein Klon. Eine Art vermehrt sich so sehr schnell.

Ein Süßwasserpolyp hat keine Geschlechtszellen.

Durch Zellteilung entsteht eine neue Knospe.

Ein Schaf mit seinem geklonten Lamm

Säugetiere vermehren sich durch geschlechtliche Fortpflanzung. Ein Junges entsteht aus der Verschmelzung einer Eizelle mit einer Samenzelle: Das nennt man Befruchtung. Heute können Wissenschaftler im Labor auch Klone von Mäusen, Kaninchen, Kühen oder Schafen aus einer Eizelle und einer Zelle des gleichen Tieres züchten. Klone sind allerdings weniger widerstandsfähig.

Knospung

Vor allem wirbellose Wassertiere wie der Süßwasserpolyp vermehren sich durch Knospung. Die Zellen des „Muttertieres“ teilen sich und bilden eine Knospe. Diese entwickelt sich auf dem Körper der Mutter und löst sich schließlich ab: So entsteht ein „Tochter“-Polyp. Mehrere Meerestiere kombinieren die Knospung mit geschlechtlicher Fortpflanzung. Somit wechseln sie die Vermehrungsart regelmäßig ab. Die Korallentiere pflanzen sich sowohl durch Knospung als auch geschlechtlich fort. Andere Tiere wie die Quallen beginnen ihr Leben als röhrenförmige Polypen, die auf Felsen sitzen

Teilung

Vermehrung durch Teilung erinnert fast an einen Zaubertrick. Man nimmt ein Tier, teilt es in zwei oder mehr Teile... und erhält zwei oder mehr vollständige Tiere, die eins wie dem anderen gleichen. Bakterien und einfachste Lebewesen vermehren sich auf diese Art und Weise, da sie nur aus einer Zelle bestehen. Daneben wählen auch die Seeanemonen, zahlreiche Plattwürmer und einige Gürtelwürmer wie der Regenwurm diese Art der Vermehrung.

Seesterne und Schwämme vermehren sich ebenfalls durch Teilung, doch Letztere nutzen

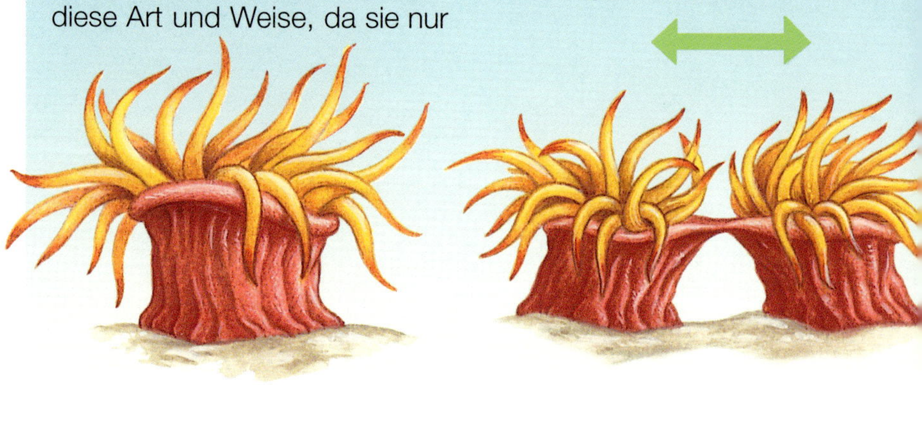

Alleine Nachkommen zeugen

Die Knospe löst sich ab: Ein Polyp ist geboren.

ınd sich durch Knospung fort-
›flanzen. Nach der Ablösung
/erwandeln sich die Knospen
n frei schwimmende Quallen.
Die männlichen und weib-
ichen Quallen pflanzen sich
jeschlechtlich fort. Die Larven,
die sie zeugen, setzen sich als
Polypen am Grund fest und
ein neuer Kreislauf beginnt.

ıäufig auch die geschlechtliche
Fortpflanzung. Die Seeanemone
st ein Einzelgänger und saugt
sich an Felsen fest. Zur Ver-
mehrung teilt sie sich in zwei
gleiche Teile. Diese beiden
Hälften ergeben zwei voll-
ständige Seeanemonen, die
sich wiederum teilen können.

Vermehrung einer Seeanemone

Jungfernzeugung

Bei der Jungfernzeugung oder Parthenogenese legt ein Weibchen unbefruchtete Eier. Die Nachkommen entstehen jeweils aus einer einzelnen Geschlechtszelle, der Eizelle. Diese beginnt sich zu teilen und die Jungen wachsen heran.

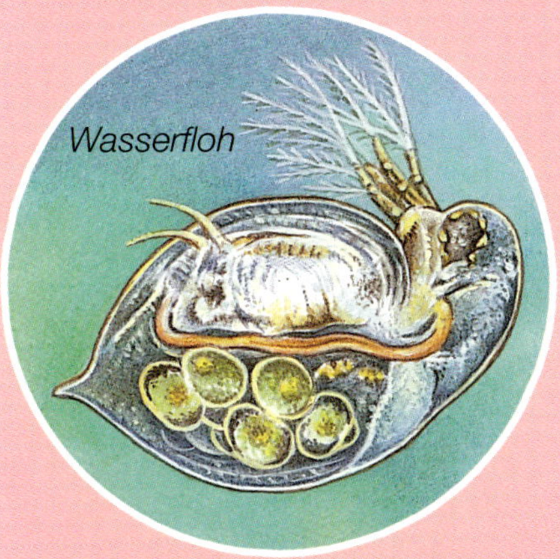

Bei den Bienen und Wespen legt die Königin hauptsächlich befruchtete Eier, aus denen Arbeiterinnen oder zukünftige Königinnen schlüpfen. Seltener legt sie unbefruchtete Eier, aus denen Männchen, die so genannten Drohnen, schlüpfen, mit denen sich die zukünftige Königin paaren wird.

Einige Arten von Wasserflöhen und winzigen Krebstieren aus Tümpeln und Teichen vermehren sich nur durch Jungfernzeugung. Daher sind alle Tiere Weibchen. Andere Arten von Wasserflöhen pflanzen sich hingegen geschlechtlich fort. Ihre befruchteten Eier sind widerstandsfähiger, falls die Tümpel austrocknen. Im Wasser vermehren sie sich aber massenhaft parthenogenetisch.

Amazonenkärpfling

Bei Wirbeltieren ist die Jungfernzeugung sehr selten. Der Amazonenkärpfling und eine nordamerikanische Echse vermehren sich auf diese Weise. Bei beiden Arten sind alle Tiere weiblichen Geschlechts.

Diese Echse vermehrt sich durch Jungfernzeugung.

DIE GESCHLECHTLICHE FORTPFLANZUNG

Die meisten Tiere pflanzen sich geschlechtlich fort: Ihre Jungen entstehen also aus der Verschmelzung einer weiblichen Eizelle mit einer männlichen Samenzelle. Wenn die Samenzelle in die Eizelle eindringt und mit ihr verschmilzt, spricht man von Befruchtung. Diese kann im Innern des weiblichen Körpers oder außerhalb dessen stattfinden. In beiden Fällen hat das gezeugte Tier zwei Elternteile. Diese »Mischung« erhöht die Vielfalt.

Bei den Gottesanbeterinnen und bei zahlreichen anderen Insekten paaren sich Partner verschiedenen Geschlechts, um Junge zu zeugen. Nachdem das Männchen sein Sperma (die Flüssigkeit mit den Samenzellen) in den Körper des Weibchens abgegeben hat, flüchtet es meistens, um nicht gefressen zu werden!

Äußere Befruchtung

Bei den Fischen und den Amphibien, die sich im Wasser fortpflanzen, findet die Befruchtung außerhalb des Körpers des Weibchens statt. Samenzellen und Eizellen verschmelzen im Wasser.

Frösche steuern den Zufall. Das Männchen setzt sich auf das Weibchen und besamt die Eizellen, die sie absondert. Nach dieser indirekten Begattung treiben die befruchteten Eier ohne Schale im Wasser oder hängen an Pflanzen. Sie entwickeln sich ohne weitere Hilfe. Aus vielen Eiern schlüpfen keine Jungen.

Eier legende Tiere

Ovovivipare Tiere

Zahlreiche Schlangen, einige Rochen und bestimmte Haie sind ovovivipar: Nach der Paarung und der inneren

Lebend gebärende Tiere

Fast alle Säugetiere, einige Haie und der Mantarochen sind lebend gebärende oder

Gemeinsam Nachkommen zeugen

Vögel vollziehen die innere Befruchtung: Das Männchen entleert die Samenzellen in den Körper des Weibchens, das kurz darauf befruchtete Eier legt. Vögel gehören zu den Eier legenden Tieren: Sie sind ovipar. Das Küken wächst im Ei, außerhalb des mütterlichen Körpers, heran. Die Mutter brütet das Ei aus, damit es sich besser entwickelt. Wenn das Küken fertig ausgebildet ist, schlüpft es aus seiner schützenden Schale.

Befruchtung verbleiben die Eier im Körper des Weibchens. Meist sind es nur wenige oder sogar nur ein Ei. Dafür sind sie besser geschützt. Die Jungen ernähren sich während der Entwicklung von den im Ei enthaltenen Nährstoffen. Die Mutter legt die Eier, wenn die Jungen fertig zum Schlüpfen sind. Es schlüpfen vollständig ausgebildete Junge.

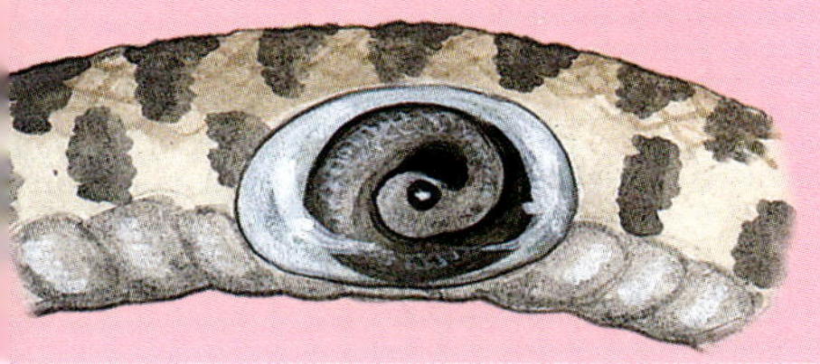

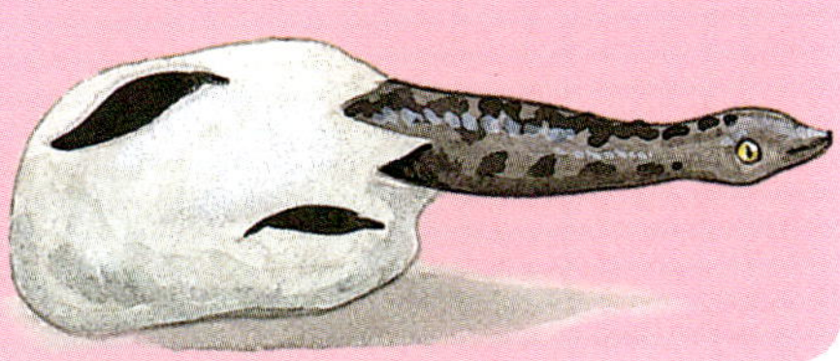

vivipare Tiere: Nach der inneren Befruchtung entwickeln sich eine oder mehrere Eizellen im Körper des Muttertieres zu Embryonen. Diese werden von dem mütterlichen Blutkreislauf mit Nahrung und Sauerstoff versorgt. Nach der Geburt säugen die Weibchen ihre voll entwickelten Jungen.

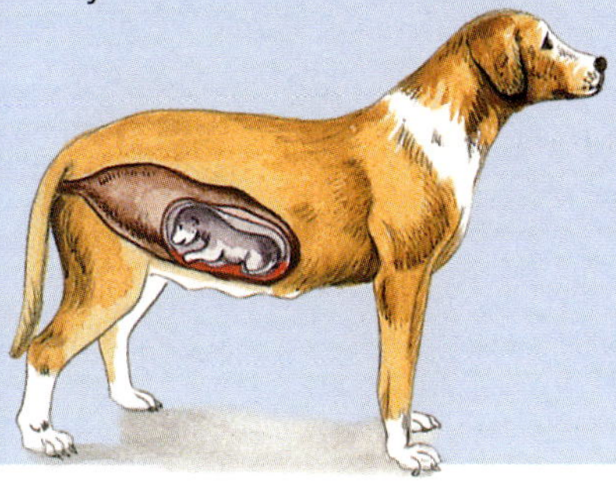

Schnecken

Schnecken sind Zwitter. Jedes Tier kann sowohl Eizellen als auch Samenzellen freisetzen. Dennoch brauchen Schnecken einen Partner.

Sie können sich nicht selbst befruchten und müssen sich paaren. Schnecken legen befruchtete Eier und sind damit ovipar.

Beuteltiere

Kängurus sind Säugetiere. Die Jungen entwickeln sich in der Gebärmutter, also im Körper des Muttertieres. Sie kommen aber als unreife Embryonen zur Welt und wachsen anschließend im Beutel der Mutter heran.

TRÄCHTIGKEIT UND GEBURT

Bei den lebend gebärenden Tieren, die fertig ausgebildete Junge zur Welt bringen, heißt die Zeit zwischen Befruchtung und Geburt Trächtigkeit. In dieser Zeit wächst aus der befruchteten Eizelle ein junges Tier heran. Je länger die Tragezeit ist, desto besser ist das Neugeborene entwickelt. Es ähnelt seinen Eltern mehr als nach einer kurzen Tragezeit und kann sich schon bald ohne Hilfe bewegen.

Bären paaren sich im Frühling, doch die befruchteten Eier wachsen nicht sofort heran. Sonst kämen die Bärenjungen im Herbst zur Welt und müssten den Winter überstehen. Die Trächtigkeit wird daher hinausgezögert und beginnt im Winter, im warmen Bau der Mutter. 3 Monate später kommen 1 bis 3 winzige Bärenjunge zur Welt, die nur knapp 500 g wiegen. Die Bärin säugt sie mindestens 2 Jahre lang.

Akrobatische Geburten

Einige Haie sind wie die Säugetiere lebend gebärende Tiere. Das Junge wächst in der Gebärmutter heran. Dank starker Muskelbewegungen im Körperinnern gebären die Säugetiere ihr Junges. Dem Hai fehlen diese Muskeln. Das Weibchen muss daher bei der Geburt hoch aus dem Wasser springen. Beim Aufprall des Bauches auf dem Wasser wird das Junge aus dem Körper gedrückt. Es kann sofort schwimmen.

Nach einer Tragezeit von 15 Monaten bringt die Giraffe ihr Junges im Stehen zur Welt. Das Giraffenjunge fällt dabei aus 2 m Höhe auf den Boden. Es tut sich aber nicht weh, da seine Knochen wie bei allen jungen Säugetieren noch weich sind.

Bei Delfinen dauert die Tragezeit 12 bis 15 Monate. Die Geburt findet natürlich im Wasser statt. Das Junge, das mindestens 1 m lang ist, kommt mit dem Schwanz zuerst heraus. Sobald es ganz aus dem Körper geglitten ist, durchtrennt die Mutter die Nabelschnur, die das Junge mit ihr verbindet. Sie bringt es sofort an die Wasseroberfläche, wo es atmen kann. Die anderen Weibchen bleiben in der Nähe und helfen gegebenenfalls. Wie alle Säugetiere säugt die Mutter das Junge, das ein Jahr bei ihr bleibt.

Der Schwanz des kleinen Delfins erscheint zuerst.

Von 8 Tagen bis zu 2 Jahren

Das Schnabeltier ist ein besonderer Fall. Das Weibchen legt in einer Uferhöhle 1 bis 3 Eier in ein Nest aus Blättern. Die Jungen schlüpfen nach rund 1 Woche als Embryonen aus der Schale. Sie verlassen die Höhle aber erst einige Monate später als fertig ausgebildete Jungtiere.

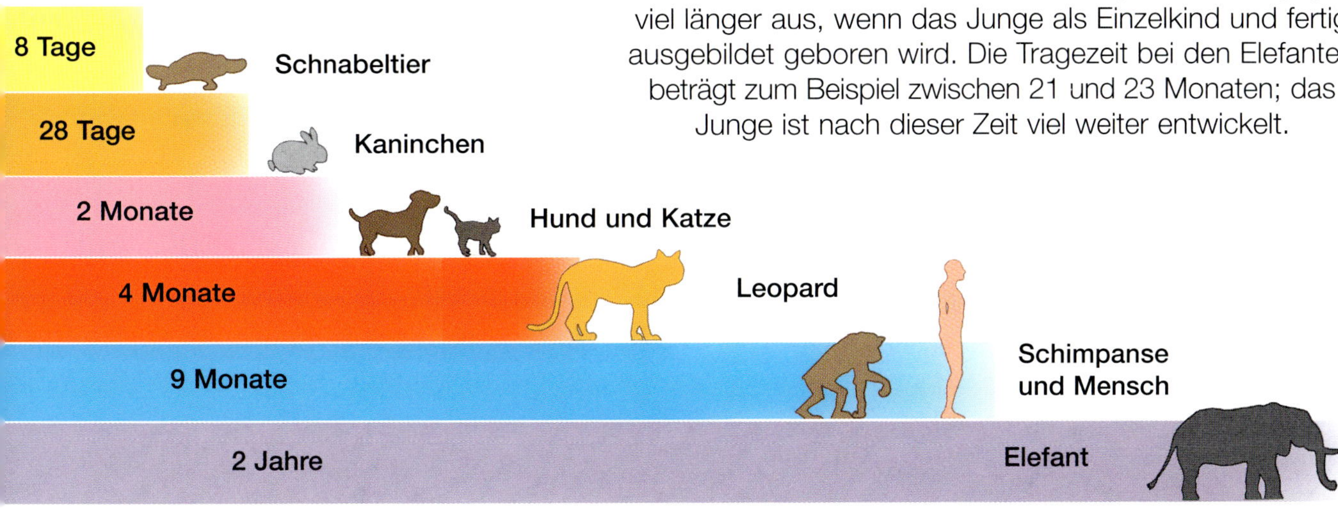

Unterschiedlich lange Tragezeiten

Die Dauer der Tragezeit ist bei Säugetieren sehr unterschiedlich. Im Allgemeinen ist die Tragezeit umso kürzer, je mehr Neugeborene zur Welt kommen. Das ist bei einigen Beuteltieren und Nagetieren der Fall. Ihre Jungen kommen blind, taub und nackt zur Welt. Die Tragezeit fällt dagegen viel länger aus, wenn das Junge als Einzelkind und fertig ausgebildet geboren wird. Die Tragezeit bei den Elefanten beträgt zum Beispiel zwischen 21 und 23 Monaten; das Junge ist nach dieser Zeit viel weiter entwickelt.

Mischlinge

Esel

Stute

Die Eltern eines Mischlings gehören zwei verschiedenen Arten an.

Tiger

Löwin

Maultier

Liger

Das Maultier ist ein Lastentier, das der Mensch vor 3500 Jahren züchtete. Ein Esel und eine Stute, die beide verschiedenen Arten angehören, sind seine Eltern. Das Maultier kann sich nicht fortpflanzen.

Die scheinbar nahe miteinander verwandten Asiatischen und Afrikanischen Elefanten können keine Jungen miteinander haben. Das Gleiche gilt für Ziegen und Schafe sowie Gorillas und Schimpansen.

Das Junge eines Tigers und einer Löwin heißt Liger. Auch dieses Tier ist eine künstliche Kreuzungsart. In der Natur sind solche Paarungen sehr selten.

FORTPFLANZUNG IN ZAHLEN

Fische und Insekten legen tausende von Eiern, manchmal sogar mehrmals im Jahr. Doch da die Eier ungeschützt sind, entwickeln sich nur aus wenigen Eiern Junge. Bei den lebend gebärenden Tieren haben die im Körper der Mutter geschützten Nachkommen größere Überlebenschancen. Diese Tiere gebären weniger und seltener Junge. Unter ihnen pflanzen sich die kleinsten Tiere, die auch kürzer leben, häufiger fort, um das Überleben der Art zu sichern. Auch Vögel legen nur eine begrenzte Anzahl Eier, die von einer harten Schale geschützt werden und häufig gut behütet in einem Nest liegen.

Der Große Tenrek ist das Säugetier mit den meisten Jungen pro Wurf: Etwa 13 oder 14 Junge bringt diese Igelart nach 50 bis 60 Tagen Tragezeit zur Welt. Der Rekord liegt bei 31 Jungen, von denen 30 die Geschlechtsreife erreichten.

Anzahl der Jungen bei Säugetieren

1

Die Elefantenkuh, die ein 1,50 m großes Junges mit knapp 100 kg Gewicht zur Welt bringt, und der Blauwal, dessen Walkalb bis zu 8 m lang ist, haben selten mehr als ein Junges pro Wurf. Das Gleiche gilt für die Hirschkuh, die Giraffe, die Stute und das Nashornweibchen. Die Tragezeiten dauern mindestens 8 Monate und die Mütter säugen ihre Jungen bis zu 2 oder 3 Jahre. Das beschränkt auch die Zahl der Geburten.

5 bis 15

Die eng mit der Maus verwandten Nagetiere wie Goldhamster und Feldmaus und Insektenfresser wie die Spitzmaus gehören zu den fruchtbarsten Säugetieren. Die Tragezeit beträgt nicht mehr als 20 Tage. In ihrem Leben kann ein Weibchen zahlreiche Würfe haben.

3 bis 13

Unter den hundeartigen Tieren kann die Wölfin 13 Junge pro Wurf haben, die Hündin und die Füchsin bis zu 10. Das Kaninchen kann 6 Würfe mit je 3 bis 12 Jungen im Jahr haben.

1 bis 3

Die Menschenaffen gebären nach 7 bis 9 Monaten selten mehr als ein Junges. Eine Ausnahme bilden Krallen- und Löwenäffchen, die häufig 2 oder 3 Junge haben.

Das Überleben der Art sichern

Rekorde bei der Eiablage

1700 g

Der größte Vogel, der Strauß, legt auch die schwersten Eier: Sie wiegen bis zu 1700 g, was em Gewicht von etwa 24 Hühnereiern entspricht. Die Eier des Kolibris wiegen nur 0,25 g: Die Jungen schlüpfen in einem Drittel der Zeit, die ein Straußenjunges braucht.

20

Die Meise und auch der Fasan können bis zu 20 Eier auf einmal legen. Andere Vögel ihrer Gattung legen ebenfalls viele Eier, während einige Seevögel und Greifvögel häufig nur 1 Ei bebrüten.

300 Millionen

Der Mondfisch ist der fruchtbarste Fisch: Das Weibchen legt bis zu 300 Millionen Eier bei jedem Laichen. Die schlüpfenden Larven sind 3 mm groß. Sie durchlaufen 4 Wachstumsstufen, bis sie mit einer Größe von 2 m ausgewachsen sind.

28 Millionen

Der Lengfisch legt bei jedem Laichen bis zu 28 Millionen Eier. Andere Fische dieser Familie wie der Dorsch legen regelmäßig 4 bis 6 Millionen Eier pro Jahr. Es schlüpfen jedoch nur 1 Million Junge aus.

Viele Eier, aber ...

Fische legen zwar unzählige Eier beim Laichen, doch die im Wasser treibenden Eier werden zum Großteil gefressen, sterben in zu kalten oder zu warmen Gewässern ab oder vertrocknen am Strand. Insekten legen ebenfalls viele Eier, die teilweise in einer Kolonie versorgt und gepflegt werden. Ein Insekt lebt jedoch nicht sehr lange.

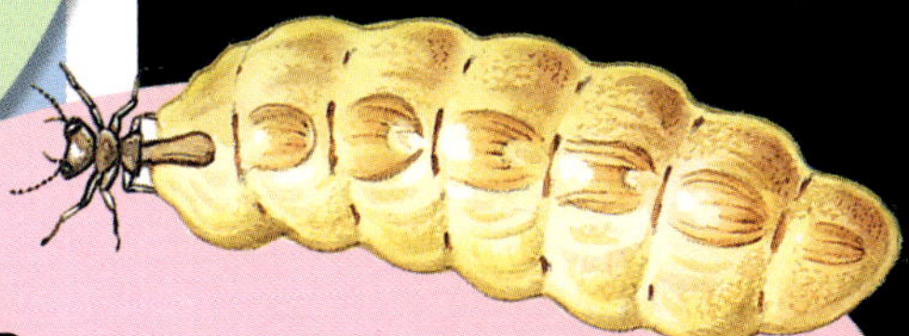

15 Millionen/Jahr

Die Königin der Termiten legt im Durchschnitt alle 3 Sekunden 1 Ei. Das sind 15 Millionen Eier im Jahr. Da sie 15 Jahre alt werden kann, legt sie im Verlauf ihres Lebens 225 Millionen Eier. Die massenhafte Vermehrung dieser Holz fressenden Insekten kann schnell zur Plage werden.

1000/Tag

Die Bienenkönigin legt mit knapp über 1000 Eiern am Tag wesentlich weniger Eier als die Termitenkönigin. Sie wird auch nur 3 oder 4 Jahre alt. Andere Bienen stehen jedoch schon bereit, um sie abzulösen.

NESTER

Die Eischale schützt den Embryo vor Bakterien, die gefährlich für seine Entwicklung sein könnten. Im Ei sind alle für das Wachstum erforderlichen Nährstoffe enthalten. Vor Feinden bietet ein Ei aber keinen Schutz. Daher achten die meisten Vögel darauf, ihre Brut in Nestern zu schützen, die außer Reichweite der Räuber liegen. Bei wirbellosen Tieren dagegen sind besorgte Eltern die Ausnahme.

Lappentaucherweibchen bei der Eiablage

Das Nest ist nicht nur ein hervorragendes Versteck, sondern zugleich auch »Brutkasten«. Im Nest liegt das Ei weich und wird unter dem Körper der Eltern bis zum Schlüpfen warm gehalten. Das Männchen und das Weibchen des Schwarzhalstauchers wechseln sich 20 Tage lang beim Brüten ab. Ihr Nest aus Pflanzen schwimmt auf dem Wasser.

Kunstvolle Nester

Die Nester mancher Vögel sind wahre Kunstwerke. Sie sollen die Weibchen beeindrucken und die Eier vor Feinden schützen. Der afrikanische Verwandte des Sperlings, der Webervogel ①, flicht mit seinem Schnabel und seinen Beinen ein kugelförmiges Nest aus langen Palmenfasern. Der Eingang befindet sich am unteren Ende. Der Töpfervogel ③ klebt mit seinem Speichel bis zu 2000 Erdklümpchen zusammen, um sein kugelförmiges Nest zu bauen.

Festungsartige Nester

Der Flamingo ④ nistet wie der Webervogel zum Schutz vor Räubern in Kolonien. Doch der misstrauische Flamingo umgibt sein kegelförmiges Nest aus Schlamm mit einem kleinen Graben und baut es 1,5 m von den Nestern seiner Artgenossen entfernt, damit es außer Reichweite der benachbarten Flamingos liegt. Das Weibchen des Rotschnabeltokos ② mauert sich sogar ein. Gemeinsam mit dem Männchen verschließt es mit Pflanzenteilen und Lehm den Eingang zum Nest, das in einem Baumstamm eingerichtet ist. Nur ein Spalt für den Schnabel bleibt offen. Bis zum Schlüpfen der Eier versorgt das Männchen das Weibchen mit Futter.

Weitere Nestarten

Das in Australien lebende Thermometerhuhn ⑤ richtet sein Nest in einer Bodenmulde ein und bedeckt es anschließend mit einem großen Haufen aus Sand und Pflanzen. Damit will es die Eier bei wechselnder Außentemperatur gleichmäßig warm halten. Der Boden des Nestes wird mit Pflanzenteilen ausgekleidet, die beim Verrotten Wärme abgeben. Die Vorbereitungen dauern 4 Monate! Das Nest des Storches ⑥ besteht aus Ästen und Zweigen und ist relativ ausladend. In Städten sieht man es vielfach auf Schornsteinen.

Nester der Wirbellosen

Die meisten wirbellosen Tiere kümmern sich nicht um ihre Eier. Sie legen so viele Eier, dass selbst bei großen Verlusten die Nachkommenschaft gesichert ist. Es gibt jedoch Ausnahmen: Die Zitterspinne ① legt ihre Eier nicht in der Natur ab, sondern spinnt sie in einen Seidenkokon ein und hält sie dann zwischen den Fängen im Maul. Sie kann

nicht fressen, bis die kleinen Spinnen, ungefähr 40 an der Zahl, den Kokon aufbrechen. Auch Ameisenhaufen, Bienenstöcke und Termitenbauten dienen hauptsächlich dem Schutz der Eier: Alle sind Nester. Die Weberameisen ② bauen

ihr Nest mit der Hilfe der Larven. Sie falten große Blätter zusammen und stechen in den Leib der Larven. Mit der Seide, die diese absondern, kleben die Ameisen die Blattränder zusammen. Auch Insekten, die ansonsten Einzelgänger sind, bauen Nester. Die Töpferwespe ③ baut aus kleinen Steinchen ein vasenförmiges Nest. Das 12 mm große Nest wird mit Raupen gefüllt. Anschließend legt die Wespe ein einzelnes Ei, das sie innen an einen Faden hängt, und verschließt das Nest. Die aus dem Ei schlüpfende Larve kann sich in völliger Geborgenheit an Raupen satt fressen.

EINFALLSREICHE NESTER

Nicht alle Fische, Reptilien und Amphibien überlassen die Eier ihrem Schicksal. Einige Tiere sind sogar sehr einfallsreich, wenn es um den Schutz ihrer Nachkommen geht. Sie nutzen alles, was die Natur ihnen bietet. Tiere, die ihr Gelege derartig schützen, beobachten häufig auch aufmerksam die ersten Schritte der Kleinen nach dem Schlüpfen. Bei den meisten Säugetieren sind die Jungen nach der Geburt stark von ihrer Mutter abhängig. Die Eltern verstecken sie daher in einem Bau oder einer Höhle. Gegebenenfalls bauen sie ihnen auch ein Nest.

Nester von Fischen

Der Kampffisch baut für seine Eier ein Nest aus Luftblasen, die er von der Wasseroberfläche holt und dann im Wasser ausspuckt. Die Eier schwimmen darin dank des in ihnen enthaltenen Öles. Der Vater überwacht sie argwöhnisch.

Das Stichlingmännchen baut ein tunnelförmiges Nest aus Wurzel- und Pflanzenteilen. Es reibt immer wieder seinen schleimüberzogenen Körper daran und verfestigt damit das Gebilde. In das fertige Nest lotst es nacheinander mehrere Weibchen zur Eiablage.

Ein besonderes Nest

Der Tilapia, ein kleiner, 10 cm langer Süßwasserfisch, baut kein Nest. Nach der Befruchtung der vom Weibchen gelegten Eier nimmt das Männchen sie in sein Maul. Sie schlüpfen nach 5 Tagen. Die Jungfische bleiben noch 6 bis 8 Tage im Maul des Vaters, der in dieser Zeit nichts frisst.

Wie alle Beuteltiere hat auch der weibliche Beutelfrosch eine Bruttasche – diesmal auf dem Rücken –, in der sich die befruchteten Eier entwickeln. Aus den Eiern schlüpfen voll entwickelte Junge: Sie sind junge Frösche, keine Kaulquappen.

Nester von Krokodilen

Krokodile sind neben der Königskobra die einzigen Reptilien, die richtige Nester bauen. Das Weibchen häuft dazu am Boden Zweige, Blätter und manchmal auch Schlamm auf. Die Mutter brütet die Eier nicht aus, sondern vergräbt sie im Haufen, wo sie warm und geschützt liegen. Sie bleibt immer in der Nähe und überwacht das Nest. Gegebenenfalls hilft sie den Kleinen beim Schlüpfen.

Das Nest des Beulenkrokodils kann bis zu 3 m hoch werden.

Nicht nur Vögel bauen Nester

Ein Nest aus Schaum

Einige Frösche legen ihre Eier außerhalb des Wassers. Damit sie nicht austrocknen, umgibt das Weibchen sie mit einem Schleim, den sie absondert und mit ihren Beinen zu Schaum schlägt. Dabei helfen auch die Männchen. Der Schaum erhärtet an der Oberfläche, doch innen bleibt es schön feucht.

Nester von Säugetieren

Die nahe mit dem Menschen verwandten Schimpansen, Gorillas und Orang-Utans bauen Nester aus miteinander verflochtenen Blättern und Zweigen. Sie dienen als Schlafnester und liegen hoch in den Bäumen, wo sie während der Nacht Schutz vor Feinden bieten. Männchen und Weibchen schlafen in getrennten Nestern. Die Jungen teilen sich mehrere Jahre lang ein Nest mit der Mutter. Jeden Abend wird jedoch ein neues Nest gebaut.

Die Nester der Grauhörnchen sind dauerhafter. Aus kleinen Zweigen und Blättern bauen sie in Astgabeln kugelförmige Nester. Sie kleiden sie mit Borke, Gräsern, Moos und anderen weichen Materialien aus, die sie auf ihren Streifzügen finden. Das Grauhörnchen baut drei Arten von Nestern: ein Nest für den Winter, ein leichteres für den Sommer und eines für den Nachwuchs im Frühling.

Die kleinen Zwergmäuse kommen in einem mit Blättern und Moos ausgepolsterten Nest zur Welt und wachsen darin heran. Es hängt 50 cm bis 1 m über dem Boden zwischen Zweigen. In weniger als 10 Stunden ist die Kugel aus miteinander verwobenen trockenen Gräsern erbaut. Kein anderes Nest von Nagetieren ist so schnell fertig.

DIE ROLLE DER ELTERN

Tiere haben keinen eigentlichen Sinn für Familie. Die Eltern kümmern sich, wenn überhaupt, nur eine begrenzte Zeit um ihre Jungen. Unter den Tieren, die nur wenige Nachkommen haben (Säugetiere und Vögel), ist die elterliche Fürsorge am ausgeprägtesten. Die Jungen der wirbellosen Tiere im Meer, der Fische und der Reptilien sind sich meist alleine überlassen. Dennoch versuchen auch hier einige Eltern ihren Nachwuchs zu beschützen.

Mit Ausnahme der lebend gebärenden Arten wie zum Beispiel dem Zahnkarpfen »Black Molly« kommen die jungen Fische als völlig wehrlose Larven zur Welt. Nur wenige von ihnen erreichen die Geschlechtsreife, da die Jungfische für Räuber wie den Hai eine leichte Beute sind.

Fischeltern

Die meisten Fische, die sich über äußere Befruchtung fortpflanzen, kümmern sich weder um ihre Eier noch um ihre Jungen. Sie wissen nicht einmal, ob sie je geschlüpft sind! Die Buntbarsche sind tropische Süßwasserfische und beliebte Aquarienfische. Sie sind so genannte Maulbrüter. Je nach Art brütet das Weibchen oder Männchen die Eier im Maul aus. Nach dem Schlüpfen wacht die Mutter oder der Vater auch weiterhin über die Jungfische. Bei der geringsten Gefahr flüchten sich diese in das elterliche Maul. Andere Süßwasserfische wie einige Welse oder Katzenwelse legen ihre Eier in ein Nest, dem die Eltern regelmäßig Wasser zufächeln. Nach dem Schlüpfen treibt das Männchen die Jungtiere zu einem Schwarm zusammen und begleitet sie überall hin, bis sie ungefähr 5 cm lang sind.

Die Jungtiere der Buntbarsche finden Zuflucht im elterlichen Maul.

Aufopferungsvolle Kraken

Kraken pflanzen sich nur einmal in ihrem Leben, im Alter von etwa 3½ Jahren, fort. Gleich nach der Paarung sucht das Weibchen eine gut

Eine Ausnahme unter den Fischen ist der männliche Wels, der seine Jungen auch nach dem Schlüpfen noch bewacht.

Beschützerinstinkt

geschützte Felshöhle. Dort legt es ungefähr 80 000 Eier von der Größe eines Reiskorns, die es in Trauben an die Wand seines Unterschlupfs hängt. 6 Monate lang bewacht die Krakenmutter die Eier, ohne etwas zu fressen. Regelmäßig reinigt sie sie mit den Tentakeln und entfernt schädlichen Schmutz. Wenn die Jungen endlich schlüpfen, stirbt der Krake an körperlicher Erschöpfung. Die kleinen Kraken, die nur 7 mm groß sind, müssen alleine zurechtkommen.

Krokodilmütter bilden eine Ausnahme

Reptilien lassen ihre Eier in der Regel unbeaufsichtigt zurück. Die Braune Landschildkröte allerdings bleibt zumindest einige Tage bei ihrem Nest, bevor sie ihrer Wege geht. Das Weibchen der Königskobra wacht bis zum Schlüpfen über ihre Eier und verlässt die Schlangenjungen gleich nach der Geburt. Die Krokodilmutter dagegen trägt ihre Neugeborenen ans Wasser. Unbeschadet gelangen die Kleinen in ihrem Maul mit den spitzen Zähnen oder auf ihrem Rücken dorthin. Das Weibchen macht mehrere Gänge, da es um die 20 Junge haben kann. Die kleinen Krokodile sind nun den Säugetieren und anderen Eierdieben an Land entkommen. Doch im Wasser sind sie für die großen Fleisch fressenden Fische, Stelzvögel wie dem Reiher und sogar für männliche Krokodile eine leichte Beute. Die weiblichen Nilkrokodile versammeln ihre Jungen daher in einer ruhigen Ecke und wachen 3 Monate lang gemeinsam über ihren Nachwuchs. Beim Mississippi-Alligator hält die mütterliche Fürsorge sogar 1 oder 2 Jahre lang an. Doch trotz der Wachsamkeit der Mutter werden viele Junge gefressen, bevor sie selbst zu gefährlichen Räubern werden.

Zum Schutz der von der Höhlendecke hängenden Eier versperrt der Krake den Höhleneingang mit Steinen. In wachsamer Stellung bleibt das Weibchen fast regungslos liegen, bis die Jungen aus den Eiern schlüpfen.

Die Braune Landschildkröte ist eine der wenigen Schildkröten, die ihr Nest einige Tage lang beschützt.

Die Krokodilmutter wacht über die Sicherheit ihrer Jungen und nimmt sie dazu auf den Rücken oder ins Maul.

DIE ROLLE DER ELTERN

Unter den wirbellosen Tieren gibt es kaum fürsorgliche Eltern. Bei den Vögeln ist dies genau umgekehrt. Nach dem Schlüpfen wachen die Vogeleltern einige Wochen lang aufmerksam über ihre Jungen. Eine Ausnahme bestätigt die Regel: der Kuckuck. Er legt seine Eier in das Nest eines anderen Vogels und überlässt fremden Eltern das Ausbrüten und Aufziehen seines Nachwuchses.

Die Baumwanze sondert zur Verteidigung ihrer Larven eine übel riechende Substanz ab: Die Vögel wenden sich angeekelt ab und lassen sie in Ruhe.

Insekten

Bei Staaten bildenden Insekten werden nicht nur die Eier rührend umsorgt, sondern auch die Larven. Bei Insekten, die Einzelgänger sind, geschieht dies nur selten: Die Eier werden auf einer Blattunterseite, einem Halm oder auf dem Boden abgelegt und ihrem Schicksal überlassen. Die schlüpfenden Larven sind auf sich selbst gestellt. Nicht alle überleben, doch die große Zahl der Eier kann Verluste ausgleichen. Die Baumwanze ist eine Ausnahme. Das Weibchen legt im Durchschnitt 400 Eier. Die daraus schlüpfenden Larven beschützt es, indem es die Kleinen zwischen ihre 6 Beine nimmt, bis sie selbstständig sind.

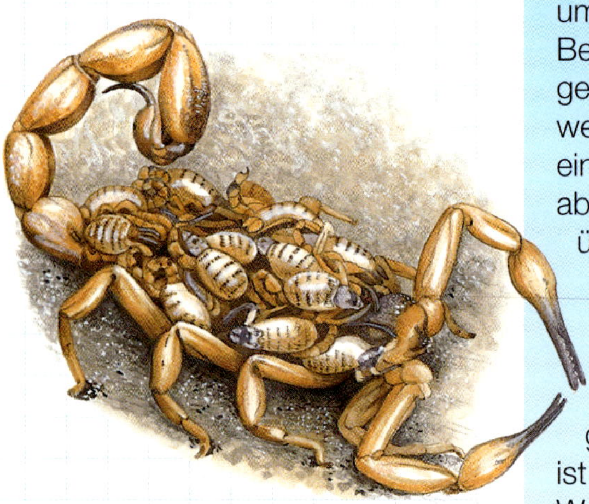

Bei vielen Skorpionarten brüten die Weibchen ihre Eier im Körper aus. Nach dem Schlüpfen tragen sie die Jungen 3 oder 4 Wochen auf ihrem Rücken. Dann häuten sich die Jungen zum ersten Mal und bekommen einen etwas härteren Panzer. Mögliche Räuber werden mit dem Giftstachel fern gehalten.

Der Schuhschnabel bespritzt sein Junges zur Erfrischung mit Wasser.

Bei Insekten und Vögeln

Ein Rotkehlchenweibchen füttert seine Jungen.

Vögel

Man unterscheidet zwei Arten von Vögeln: Nesthocker und Nestflüchter. Die Jungen der Nesthocker kommen meist mit geschlossenen Augen und nackt oder fast nackt zur Welt. Sie haben kaum Kraft und können nur den Hals recken und den Schnabel aufsperren, um nach Futter zu verlangen. Das Nest können sie nicht verlassen. Die Jungen des Rotkehlchens bleiben zum Beispiel 10 bis 15 Tage im Nest, bevor sie ihre ersten Flugversuche unternehmen, und verlassen es erst nach mehreren Wochen endgültig. Sie werden mehrmals am Tag mit Insekten und Beeren gefüttert. Der Schuhschnabel, ein Verwandter des Storches in Afrika, füllt seinen riesigen Schnabel mit frischem Wasser und bespritzt damit seine Jungen. Mit seinem Körper spendet er ihnen Schatten. In seinem großen Schnabel legt er Nahrungsvorräte für die Kleinen an. Nestflüchter können ihren Eltern spätestens einige Stunden nach der Geburt folgen. Die Schwanenjungen zum Beispiel sind aufgeweckt und wie Entenküken mit Flaum bedeckt. Sie wagen sich schnell aufs Wasser, wo sie vor Feinden sicherer sind als an Land. Sie lernen früh, wo sie Nahrung finden. Dennoch sind sie bis zum Alter von 5 Monaten auf den Schutz ihrer Eltern angewiesen. Die Eltern tragen sie wie die meisten Wasservögel häufig auf dem Rücken. Bei Gefahr verteidigt der Schwanenvater seinen Nachwuchs mit gerecktem Hals und ausgebreiteten Flügeln.

Die jungen Schwäne werden im Alter von 3 Jahren so weiß wie ihre Eltern.

DIE ROLLE DER ELTERN

Da die neugeborenen Säugetiere nach der Geburt auf Muttermilch angewiesen sind, ist die mütterliche Fürsorge unerlässlich. Die Jungen werden von der Mutter und manchmal von beiden Elternteilen beschützt, bis sie sich selbst behaupten und ernähren können. Dann wird die familiäre Bindung meist aufgelöst.

Das Ringelrobbenweibchen bringt sein Junges in einer Schneehöhle zur Welt. Das Junge bleibt bis zur Entwöhnung, also 6 bis 7 Wochen, in der warmen Höhle.

Lernen für das Leben

Bei der Geburt wiegt ein Flusspferd ungefähr 30 kg, also halb so viel wie ein Rinderkalb. Vom ersten Moment an kann es hinter seiner Mutter hertrotten und schwimmen. Es wird unter Wasser gesäugt. 10 Tage lang bleiben Mutter und Kind abseits des Familienverbands. Auch danach ist die Mutter sehr fürsorglich und hilft dem Jungen beim Erklimmen eines Ufers, beobachtet seine Spiele mit den anderen Jungen der Gruppe und beschützt es ständig. Wenn sie sich kurz entfernt, gibt sie es in die Obhut eines verwandten Weibchens. Im Alter von 6 bis 8 Monaten nimmt die Mutter das Junge mit zum Weiden. Sobald es allerdings mit etwa 5 Jahren die Geschlechtsreife erlangt, wird es vom Familienverband ausgeschlossen.

Nach dem Bad und dem Säugen im Wasser hilft die Flusspferdmutter ihrem Jungen beim Erklimmen des Ufers.

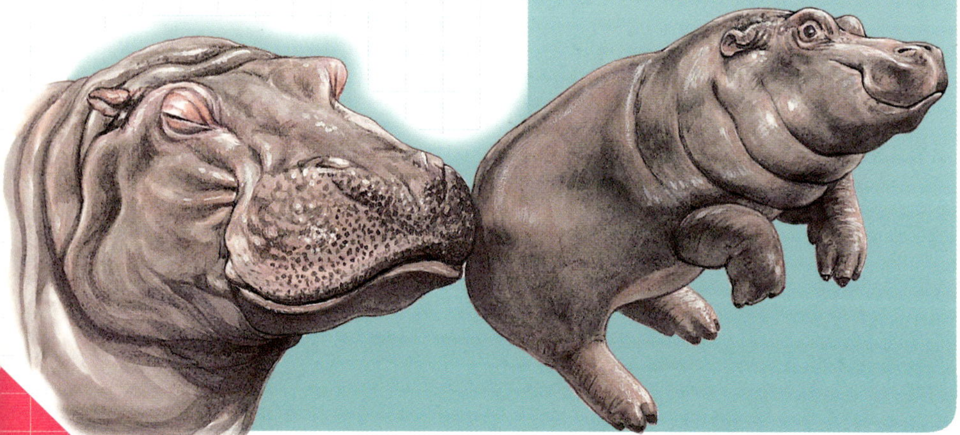

Enge Bindung

Die Muttertiere der Wale und Menschenaffen säugen ihre Jungen mehrere Jahre lang. Während die Walkuh darauf achtet, dass das Walkalb stets an ihrer Seite schwimmt, trägt die Schimpansenmutter ihr Junges immer mit sich herum. Solch enge Bindungen zwischen Mutter- und Jungtier sind äußerst selten. Da beim Känguru die Tragezeit sehr kurz ist, wird das Junge als Embryo geboren und entwickelt sich 5 bis 6 Monate lang an einer Zitze in der Brutpflegetasche seiner Mutter hängend weiter. Die innige Beziehung ist hier lebenswichtig. Im Alter von 8 Monaten macht das junge Känguru erste Ausflüge, spring

bei der geringsten Gefahr aber wieder in den Beutel der Mutter zurück – sofern die Mutter es erlaubt und den Platz nicht für ein neues Junges braucht. Wenn das Junge zu schwer für den Beutel geworden ist, steckt es seinen Kopf nur noch zum Trinken hinein.

Begrenzte Fürsorge

Einige Mütter wie das Hasenweibchen bleiben nur 1 oder 2 Tage bei ihren Jungen. Danach kommt es nur noch 1-mal am Tag zum Säugen zu ihnen. Die Spitzmaus behält ihre Jungen 3 Wochen lang im Nest. Danach zeigt sie ihnen, wie man jagt. Da die Tiere nicht gut sehen können, berühren sie sich beim Hintereinanderlaufen stets. Sobald sie jagen können, geht jeder seines Weges. Eine solch begrenzte mütterliche Fürsorge ist weit verbreitet bei Säugetieren, die nicht sehr alt werden – die Spitzmaus wird nicht älter als 1 Jahr – und sich schnell fortpflanzen.

Und der Vater?

Ein Fohlen steht schon kurz nach der Geburt auf seinen Beinen. Die Mutter ist sehr aufmerksam, solange sie es säugt. Bei den Wildpferden wird das Fohlen sofort in die Herde aufgenommen. Der Vater mischt sich, wie bei den meisten Säugetieren üblich, nie in die Erziehung ein.
Der Fuchsvater zählt zu den Ausnahmen. Zusammen mit den Weibchen zieht er die Jungen groß. Wenn die Kleinen spielen, dürfen sie sich nicht zu weit vom Bau entfernen; ansonsten werden sie am Nacken gepackt und zurückgetragen. Sobald die Welpen mit 2 Monaten entwöhnt sind, lässt die Mutter sie häufig alleine und geht jagen. Nach 4 oder 5 Monaten verlassen die Fuchswelpen den Bau der Familie.

Das Fohlen eines Wildpferds wird gesäugt, bis die Mutter 1 Jahr später ein neues Fohlen bekommt.

Bis zur Entwöhnung bleibt die Fuchsmutter Tag und Nacht bei den Jungen im Bau. Der Vater geht auf die Jagd und versorgt die Familie mit Nahrung.

KINDERSTUBEN

Einige in Verbänden lebende Tierarten passen gemeinsam auf ihren Nachwuchs auf. Im Allgemeinen übernehmen 1 oder 2 ausgewachsene Tiere abwechselnd die Aufsicht über die Jungen. Somit sind die noch sehr wehrlosen Kleinen geschützt und gleichzeitig können die Eltern sorglos auf Nahrungssuche gehen. Die Jungen, die miteinander aufwachsen, werden aber keinesfalls Freunde fürs Leben. Die geschlossenen Freundschaften halten meist nur kurze Zeit.

Pelikane

Nur selten adoptiert ein Weibchen ein Junges und schon gar kein artfremdes Junges. In einem afrikanischen Nationalpark beobachtete man jedoch mehrmals, wie eine Löwin ein neugeborenes Antilopenjunges aufnahm. Sie säugte das Waisenkind und schützte es vor Angriffen der anderen Löwinnen.

Vogeljunge in Kolonien

Bei Vögeln, die in Brutkolonien nisten, gibt es manchmal „Kinderstuben", zum Beispiel bei Flamingos und Pelikanen. Letztere bauen ihre Nester in Gebieten, die vor Feinden sicher sind – manchmal mehrere dutzend Kilometer von den Seen entfernt, in denen sie fischen. Männchen und Weibchen wechseln sich beim Brüten ab und füttern ihre Jungen gemeinsam. Erst nach 3 Wochen können sich die Kleinen fortbewegen. Von nun an werden sie von allen Erwachsenen beaufsichtigt. Gefüttert werden sie jedoch weiterhin nur von ihren Eltern mit hochgewürgten Fischen. 8 bis 10 Wochen später werden sie von den Eltern verlassen und müssen alleine zurechtkommen. Ähnlich verhalten sich auch die Kaiserpinguine. 5 Wochen lang wächst das Junge zwischen den Beinen der Mutter heran, doch danach stolpert es mit den anderen Jungen über das Packeis.

Pottwalkühe mit ihren Kälbern

Wenn die Jungen gemeinsam beaufsichtigt werden

Pinguine

Die Erwachsenen beaufsichtigen die Jungtiere und holen sie zurück, wenn sie sich zu weit entfernen. Die Eltern füttern ihr Junges, bis es 5 Monate alt ist. Dann ist es Sommer in der Antarktis und die ganze Kolonie zieht an die Küste, wo das Packeis aufbricht und schmilzt. Jetzt lernen die jungen Pinguine, selbst Fische zu fangen. Bis zum nächsten Winter geht nun jeder seines Weges.

Gegenseitige Hilfe unter Säugetieren

Bei in Gruppen lebenden Säugetieren unterstützen sich die Weibchen häufig gegenseitig. Wie bei den Flusspferden überlassen auch die Pottwalkühe ihr Junges einem anderen Weibchen, wenn sie auf Nahrungssuche gehen. Etwa 20 Weibchen mit ihren Jungen schützen das Pottwalkalb vor Angriffen der Haie und Schwertwale.

Die Elefantenjungen kommen fast gleichzeitig auf die Welt. Sie trinken nur bei der Mutter – etwa 18 Monate lang –, genießen aber den Schutz aller Weibchen. Die Herde passt ihre Geschwindigkeit den jüngsten Tieren an. Wenn ein kleiner Elefant stürzt, helfen die Erwachsenen ihm beim Aufstehen. Auch in schlechten Zeiten halten die Tiere zusammen: So wird ein verwaistes Junges stets von einer anderen Elefantenkuh adoptiert.

Elefanten

FÜRSORGLICHE VÄTER

Bei den meisten Tieren ist das väterliche Verhalten kaum ausgeprägt. In der Regel beschränkt sich die Rolle des Männchens auf die Befruchtung. Einige Fisch- und Amphibienväter kümmern sich zumindest um die Eier. Doch anschließend werden die Larven oder Kaulquappen ihrem Schicksal überlassen. Für viele männliche Vögel ist das Ausbrüten und Füttern des Nachwuchses dagegen eine Selbstverständlichkeit. Die fürsorglichsten Väter sind zweifellos der Pinguin und der Nandu.

Das Weibchen der Geburtshelferkröte hängt seine Laichschnüre nicht an Wasserpflanzen, sondern vertraut sie dem Männchen an, das sie um seine Hinterbeine wickelt. Zum Schlüpfen werden sie in einem Teich oder Tümpel abgelegt.

Seepferdchen

Die Paare der Seepferdchen bleiben ein Leben lang zusammen. Die Weibchen kümmern sich allerdings überhaupt nicht um ihre Eier. Sie füllen die Bauchtasche ihres Partners mit ihren Eiern. Die beiden treffen sich erst wieder, wenn sie sich erneut fortpflanzen. Nach der Befruchtung der Eier brütet der Vater die Embryonen in seiner Bauchtasche aus, die im Laufe der Zeit immer stärker anschwillt. Die Tragezeit dauert 2 bis 6 Wochen. Das Schlüpfen verläuft fast wie eine Geburt. Mehrere Stunden lang zieht das Männchen seine Muskeln zusammen und stößt jeweils mehrere dutzend oder hundert Junge aus. Dann verlässt es sie und frisst sogar einige! Seepferdchen können bis zu 6-mal im Jahr Junge bekommen.

Links: Beim Seepferdchen legt das Weibchen die Eier in die Bauchtasche des Männchens. Rechts: Die Jungtiere werden ausgestoßen.

Der Australische Kurter

Die Männchen dieser australischen Fische haben am Vorderkopf eine Art Höcker, der sich aus der Rückenflosse bildete. Damit lösen die Kurter die von den Weibchen auf Wasserpflanzen abgelegten Eier. Sie legen sich Trauben der klebrigen Laichschnüre auf die Stirn und beschützen sie, bis die Larven schlüpfen.

Vorbildliche Väter im Tierreich

Kaiserpinguine

Die Vögel pflanzen sich mitten im Winter auf dem Packeis der Antarktis fort. Das Weibchen, das seit 2 Monaten nichts mehr gefressen hat, legt ein Ei und kehrt ins Meer zurück, wo es bis zum Frühling möglichst viel frisst. Das Männchen brütet das Ei 65 Tage lang in seiner Bauchfalte aus. Anschließend hütet es das Kleine weitere 25 Tage dicht an seinem warmen Bauch zwischen den Beinen. In dieser Zeit fastet es und verliert die Hälfte seines Normalgewichts. Nach der Rückkehr der Mutter kann der Vater endlich wieder auf Nahrungssuche gehen und kommt mit Fisch für das Jungtier zurück.

Der junge Pinguin bekommt seine Nahrung aus dem Kropf seines Vaters.

Der Nandu

Bei den amerikanischen Nandus (einer Straußenart), den afrikanischen Straußen sowie den australischen Emus brüten die Männchen die Eier aus. Die Straußen- und Emuväter werden von einem oder mehreren Weibchen abgelöst – mit Ausnahme der Nanduhähne. Während ein Nandu zwischen 10 und 60 Eier in einer Bodenmulde ausbrütet, pflanzen sich die Weibchen mit anderen Männchen fort. Nach dem Schlüpfen verteidigen die Nandu-, Emu- und Straußenväter ihre Jungen vehement gegen Angreifer. Selbst die Hennen werden manchmal verjagt.

Der Vater begleitet seine Jungen überall hin und schützt sie vor allem vor Wildhunden. Er verlässt sie, wenn sie 5 bis 7 Monate alt sind.

METAMORPHOSEN

Von der Geburt bis zum Erwachsenenalter entwickeln und verändern sich alle Tiere. Die meisten Säugetierjungen werden lediglich größer. Andere Tiere häuten sich. Bei vielen wirbellosen Tieren wie den Fluginsekten, Skorpionen oder Krebsen sowie bei Lurchen verläuft die Verwandlung äußerst spektakulär: Im Larvenstadium ähneln die Tiere noch gar nicht den Erwachsenen, in die sie sich verwandeln werden.

Die vollständige Metamorphose

Die meisten Insekten durchlaufen diese Art des Gestaltwandels, die so genannte Metamorphose. Aus dem Ei schlüpft zuerst eine Larve, die dann in eine Hülle eingeschlossen wird. Diese Puppe verwandelt sich in ein erwachsenes Tier.

Aus dem Ei ①, das der Schmetterling legt, schlüpft eine Larve, di so genannte Raupe ②. Sie hat keinerlei Ähnlichkeit mit dem erwachsenen Insekt. Die Raupe ha einen walzenförmigen Körper, kriecht und frisst Blätter, währenc der Schmetterling fliegt und sich von Blütennektar ernährt.

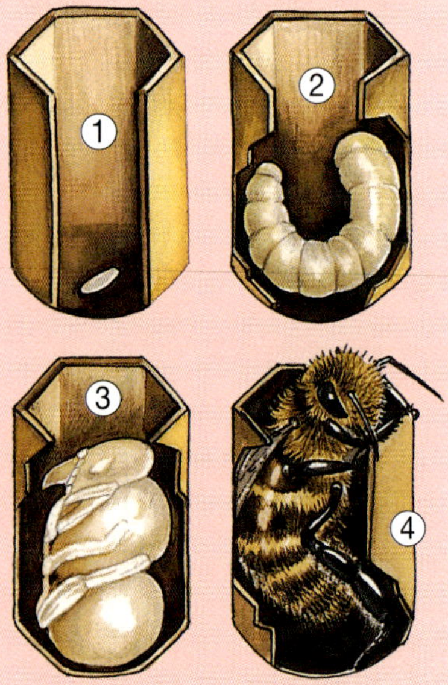

Die Metamorphose oder Verwandlung der Biene und des Schmetterlings verläuft gleich: Aus dem Ei ① schlüpft eine Larve ②, die heranwächst, bis sie die Wabe ausfüllt und zur Puppe ③ wird. 21 Tage nach dem Schlüpfen wird aus der Puppe eine Biene ④.

Die unvollständige Metamorphose

Einige Insekten überspringen das Puppenstadium. Die Larve sieht dem erwachsenen Tier ähnlicher, hat jedoch keine Geschlechtsorgane oder Flügel, wenn es sich um ein Fluginsekt handelt. Diese Organe bilden sich während des Wachstums.

Die Larve der Grille entwickelt sich über mehrere Jahre. Eines Abends steigt sie schließlich auf einen Baum und klammert sich an einem Blatt fest.

Frösche

Die Larven der Frösche heißen Kaulquappen. Diese leben wie die Larven der Mücken und Libellen im Wasser. Sie verlassen das Wasser erst als ausgewachsene Frösche. Damit verändern sich gleichzeitig Lebensraum und Ernährung, da Kaulquappen Pflanzen fressen, Frösche hingegen Tiere.

Aus Froscheiern schlüpfen nach 1 Woche winzige Kaulquappen mit Schwanz

Gestaltwandel während des Heranwachsens

Die Raupe wächst und häutet sich mehrmals. Bei der letzten Häutung umgibt sie sich mit einer harten Haut. Manchmal spinnt sie auch einen Seidenkokon ③.

Die Raupe hat sich verpuppt. Nun heißt sie Puppe oder Chrysalis. Der alte Körper wird in diesem Stadium teilweise zerstört und neu geformt.

Schließlich schlüpft ein erwachsener Schmetterling aus der Puppenhaut und befreit sich – falls vorhanden – aus dem Kokon ④. Er fliegt davon und lebt je nach Art einige Tage oder Monate ⑤.

Die Haut reißt auf und ein erwachsenes Tier erscheint. Einige Minuten später streckt es Kopf und Vorderbeine aus der Larvenhaut.

Die Grille braucht über 1 Stunde, bis sie geschlüpft ist und die Flügel entfalten kann.

Sie wartet weitere 3 Stunden, bis Körper und Flügel erhärtet sind.

Kaulquappen atmen wie die Fische mit Kiemen. Die Vorderbeine bilden sich nach 6 Wochen.

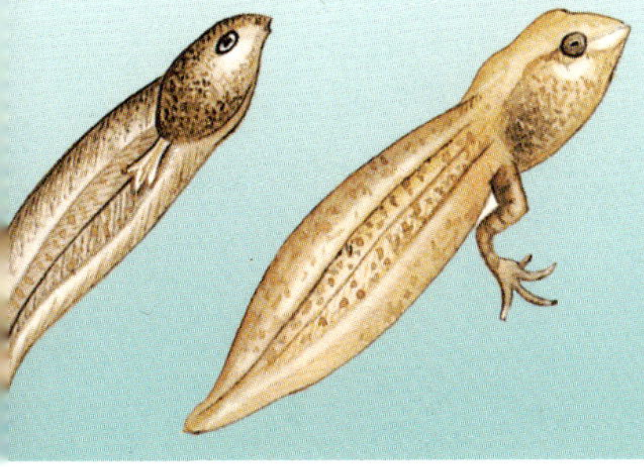

Anschließend wachsen die Hinterbeine. Nach 9 Wochen hat die Kaulquappe die Gestalt eines erwachsenen Tieres. Der Schwanz bildet sich langsam zurück, bis er nach 16 Wochen verschwunden ist. Die Lunge hat die Kiemen ersetzt.

Nach vollzogener Verwandlung verlässt der Frosch seinen Tümpel. Er kehrt jedes Jahr zur Fortpflanzung dorthin zurück.

HÄUTUNG UND MAUSER

Viele Tiere wechseln zu bestimmten Zeiten die Haut, das Gefieder, das Fell oder den Panzer. Insekten, Spinnen, Skorpione und Krebstiere, deren Körper von einem Panzer geschützt werden, müssen sich häuten, wenn sie wachsen. Bei Insekten dienen die Larvenhäutungen der Verwandlung des Tieres. Auch Reptilien häuten sich. Die Mauser der Vögel und das Haaren einiger Säugetiere wird nicht durch das Wachstum, sondern durch den Wechsel der Jahreszeiten ausgelöst.

Alle Vögel mausern sich. Beim Federwechsel schieben die neuen Federn die alten Federn aus dem Balg und »entwurzeln« sie (1). Jede neue Feder entwickelt sich in einer Scheide (2 und 3). Wenn sie sich öffnet, kann sich die neue Feder entfalten (4 und 5).

Jahreszeitliche Wechsel

Vögel erneuern 1- oder 2-mal im Jahr ihr Gefieder. Die so genannte Mauser geht schrittweise vonstatten, außer bei Enten und Schwänen, die 2 oder 3 Wochen lang federlos sind und nicht fliegen können. Der Paradiesvogel mausert sich vor der Paarungszeit. Mit strahlend neuen Federn vollführt das Männchen seine Balztänze.

Viele Säugetiere passen ihr Äußeres der Jahreszeit an. Die Bewohner der kalten Regionen verlieren am Ende des Sommers ihre braunen Haare; ein dichteres, manchmal schneeweißes Fell wächst wie beim Polarhasen nach.

Wachstumsbedingte Häutungen

Die Haut der Reptilien ist mit Hornschuppen überzogen. Diese sind fest miteinander verbunden und die Haut wächst daher nicht mit. Deshalb häuten sich Reptilien, wenn sie wachsen Auch die ausgewachsenen Tiere erneuern ihre Haut von Zeit zu Zeit.

Schlangen entledigen sich ihrer alten Haut in einem Stück. Die trübe und trocken gewordene Haut wird wie ein Handschuh abgestreift. Dabei windet sich die Schlange in alle Richtungen, um sie loszuwerden. Die Farben der neuen Haut sind wesentlich strahlender.

Ein neues Kleid

Echsen und Krokodile verlieren jeweils Stücke ihrer Haut. Beim Chamäleon löst sich die Haut 2- bis 3-mal pro Jahr in Fetzen.

Die alte Körperhülle der Schlange ist fast durchsichtig. Sie behält ihre Form. Das Schlangenjunge häutet sich gleich nach der Geburt das erste Mal. Es wird sich im Laufe seiner Entwicklung häufig häuten, später werden die Häutungen seltener. 1 bis 3 Wochen vor der Häutung werden die Augen der Schlange trüb.

Häutungen der Gliederfüßer

Spinnenweibchen häuten sich ihr ganzes Leben lang. Die Männchen hören meist auf sich zu häuten, wenn sie ausgewachsen sind. Die Spinne hängt an einem Faden von ihrem Netz, während die alte Körperhülle, die so genannte Exuvie, aufbricht. Sie befreit sich äußerst vorsichtig aus der alten Haut, damit sie sich dabei kein Bein ausreißt. Die neue Körperhülle ist weich. Die Spinne wartet etwa 20 Minuten, bis diese an der Luft erhärtet ist. Anschließend bringt sie sich auf ihrem Netz wieder in Sicherheit.

Eine Spinne, die sich aus der alten Körperhülle geschält hat, hängt an ihrem Faden.

Krebstiere wie der Hummer häuten sich im ersten Lebensjahr etwa 10-mal. Danach werden die Häutungen seltener. Ein ausgewachsener Krebs häutet sich nur 1- oder 2-mal im Jahr. Vor der Häutung pumpt der Hummer seinen Körper mit Wasser auf. Dadurch sprengt er den alten Panzer, der abgestreift wird, und vergrößert die neue, noch faltige Hülle auf das richtige Maß. Der neue Panzer ist erst nach einigen Tagen hart.

Hummer

DIE ENTWICKLUNG DER JUNGEN

Die Forelle

Die Forelle legt ihre Eier in strömungsfreien Bereichen der Gewässer ab. Die Eier sind recht schwer, damit sie auf dem Grund bleiben. Dank ihrer schleimigen Oberfläche haften sie an Steinen. Aus den Eiern schlüpfen Larven. Das Skelett, die Flossen und die meisten Organe entwickeln sich erst nach und nach.

Die Hülle des Eies ist durchsichtig und man kann die Augen des Embryos sehen. Der Embryo ernährt sich von den Flüssigkeiten im Dottersack des Eies.

Eine durchsichtige Larve schlüpft aus dem Ei. Der Dottersack mit den nährstoffreichen Flüssigkeiten bleibt am Körper hängen.

Das Huhn

Wie alle Vögel brütet das Huhn seine befruchteten Eier aus, damit Küken schlüpfen. Es hält die Eier bei etwa 40 °C gleichbleibend warm. Der Embryo ernährt sich über Blutgefäße vom Eigelb und Eiweiß. Die Schale ist luftdurchlässig; sie schützt den Embryo aber vor Bakterien.

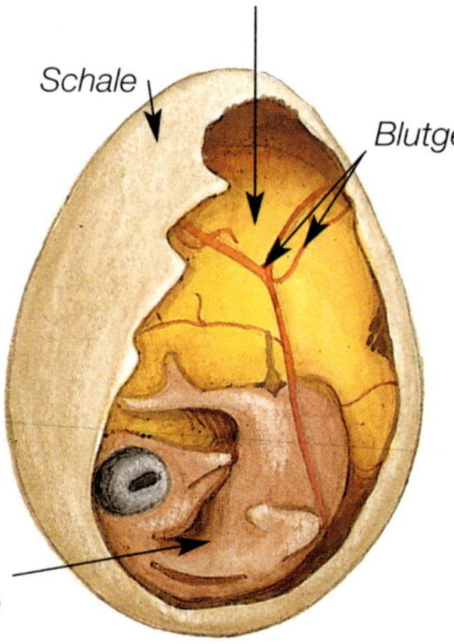

Nach einer Bebrütung von 21 Tagen hat der zu einem Küken gereifte Embryo seine Nahrungsreserven erschöpft. Das Küken schlüpft.

Das Kaninchen

Wie bei allen Säugetieren (mit Ausnahme der Beuteltiere) entwickeln sich die Embryonen im Körper der Mutter. Sie werden von einer mit Fruchtwasser gefüllten Hülle geschützt. Die Nabelschnur verbindet sie mit der Plazenta, die die Jungen über das Blut mit Nahrung und Sauerstoff versorgt.

Ein weibliches Kaninchen hat 5 bis 6 Würfe mit je 5 oder 6 Jungen pro Jahr.

Die Tragezeit ist nur 28 Tage lang.

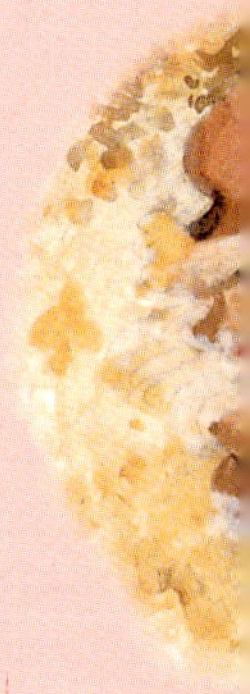

Vom Embryo zum ausgewachsenen Tier

Die Forellenlarve kann von Geburt an schwimmen, allerdings nicht fressen. Der Dottersack ernährt die Larve 1 Woche lang.

Der Dottersack wird immer kleiner. Aus der Larve entwickelt sich ein Jungfisch. Er ernährt sich von Insekten, Schnecken und Krebstieren.

Eine Forelle ist erst mit 3 oder 4 Jahren geschlechtsreif. Nun frisst sie andere Fische und kann sich fortpflanzen.

Das Küken hat keine Federn, sondern einen weichen Flaum. Nach dem Schlüpfen folgt es der Henne, um zu fressen. Im Alter von 4 Tagen wiegt es etwa 300 g, nach 8 Tagen bereits das Doppelte.

Nach 1 Monat wiegt das Huhn 1,8 kg.

Aus dem Flaum wachsen nach einigen Tagen kleine Federn.

Die Kaninchenjungen sind fertig ausgebildet, kommen aber nackt und mit geschlossenen Augen zur Welt. Sie sind völlig von ihrer Mutter abhängig, die sie säugt.

Die Jungen entwickeln sich schnell. Das Fell wächst bereits in den ersten Wochen. Nach 3 Monaten sind die Kaninchen ausgewachsen.

DIE POLARREGIONEN

In den Polarregionen fressen sich im Sommer Meeressäuger und Vögel an Fischen und Plankton satt. Die Tundra jenseits des Polarkreises ist eine ausgedehnte Graslandschaft, in der große Pflanzenfresser und Nagetiere leben. In den Wintermonaten werden Land und Meer mit einer dicken Schicht aus Schnee und Eis bedeckt und das Überleben wird schwieriger. Einige Tiere wandern in wärmere Regionen, andere überwintern.

In der warmen Jahreszeit ist das Fell des Polarfuchses, der in der Tundra lebt, graublau oder braun. Wenn im Herbst die Tage kürzer werden, wird es dichter und weiß. Das wärmt und tarnt ihn im Schnee. Seine Ohren, Schnauze und Beine sind kurz, sodass er wenig Wärme verliert.

Gut isoliert

Die Schnee-Eule hat das ganze Jahr über ein weißes Gefieder mit schwarzen Punkten. Die langen, dichten Federn bedecken auch ihren Schnabel, damit dieser im Winter, wenn die Temperaturen unter –30 °C sinken, gut geschützt ist. Die Säugetiere der Polarregionen haben ein dichtes Fell, das sie schützt. Beim Eisbär und Polarfuchs wachsen selbst an den Fußsohlen wärmende Haare, sodass sie auf dem Packeis laufen können. Die im Fell eingeschlossene Luftschicht isoliert zusätzlich.

Schnee-Eule

Auf Beutefang

Im Winter nimmt der Eisbär zu, da das Packeis für ihn das ideale Jagdrevier ist. Er lauert zum Beispiel Seehunden an den Löchern im Eis auf, die sie zum Luftholen nutzen. Häufig folgt ihm ein Polarfuchs, der sich von den Resten seiner Beute ernährt. Die Schnee-Eule hat ein besonders feines Gehör und nimmt die geringsten Geräusche wahr. So kann sie ihre Lieblingsbeute, die Lemminge, sogar unter dem Schnee hören.

Leben unter dem Eis

Mit ihrer 6 cm dicken Haut und einer Fettschicht von 10 cm können Seehunde und Walrosse auch im eiskalten Wasser überleben. Ihr einziges Problem ist das Luftholen. Sie leben daher in eisfreien Regionen oder schlagen Löcher ins Eis, um Luft zu holen. Seehunde verwenden dazu ihre Zähne, Walrosse ihre Hauer.

Walross

Seehund

Wärme speichern

Kaiserpinguine

Nicht erfrieren

Fische sind wechselwarme Tiere. Sie können ihre Körpertemperatur nicht unabhängig von der Außentemperatur regeln. In den polaren Ozeanen liegt die Temperatur häufig unter –0,8 °C. Normalerweise müsste das Blut der Fische bei dieser Temperatur gefrieren. In dem Blut der Arten, die im eisigen Wasser der Arktis und der Antarktis leben, sind jedoch Eiweiße enthalten, die verhindern, dass die Fische zu Eis erstarren.

Sich warm halten

Lemminge halten sich in warmen, unterirdischen Tunneln auf und ernähren sich von dem, was sie unter dem Schnee finden. Die Moschusochsen kratzen den Schnee mit ihren Hufen weg. Obwohl sie einen gedrungenen Körper, kleine Ohren und ein langes Fell haben, rücken sie angesichts der eisigen Winde eng zusammen. Auf diese Weise wärmen sich auch die Kaiserpinguine. Sie sind die einzigen Tiere, die im Winter in der Antarktis bleiben. Die Pinguine stehen in einem Kreis dicht zusammen. Die Tiere stehen abwechselnd im äußeren Kreisring und in der Mitte. Dort kann es über 10 °C warm werden, sodass die Pinguine im Kreisinnern sogar anfangen zu schwitzen!

ÜBERWINTERUNG

Der Winter ist in Polarregionen und gemäßigten Zonen eine schwierige Jahreszeit für Tiere. Nahrung ist knapp und die Kälte lähmt den Organismus. Für einige Tiere ist das Wachbleiben zu anstrengend. Wenn sie nicht für den Winter ausgerüstet sind und nicht in den Süden wandern können, verlangsamen die Tiere ihre Körperfunktionen. Sie fallen in einen mehr oder weniger tiefen Winterschlaf und warten den Frühling ab.

Während des Winterschlafs fressen die Tiere nichts. Das Murmeltier ist das größte Tier, das Winterschlaf hält. Es verliert bis zur Hälfte seines Gewichts. Vor dem Winter frisst es sich mit Gräsern, Früchten, Heuschrecken und Schnecken Fettreserven an, bis der Bauch fast am Boden schleift.

①

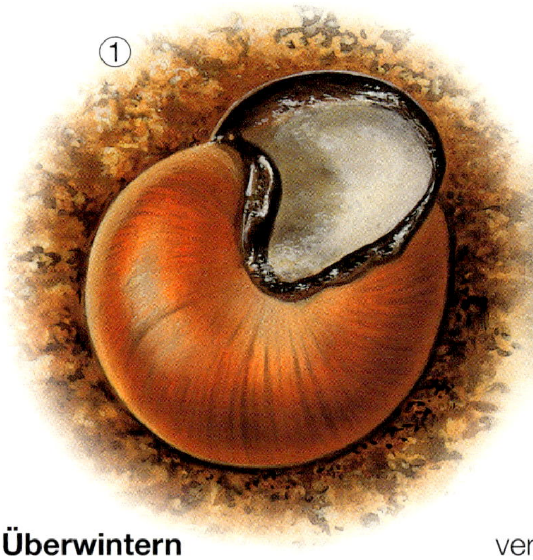

②

Überwintern

Insekten, Weichtiere, Reptilien und Amphibien sind wechselwarme Tiere. Ihre Körpertemperatur ist von der Außentemperatur abhängig. Wenn der Winter naht, fällt sie daher abrupt ab. Die Tiere fallen in Winterstarre und überwintern. Um nicht zu erfrieren, suchen sie sich ein Versteck. Unter Steinen oder in der Erde findet man Schnecken ①, die ihre Schale mit einem Film aus getrocknetem Speichel verschließen, damit sie nicht austrocknen. Frösche ② vergraben sich im Schlamm. Schlangen ③ ringeln sich in der Erde ein oder suchen unter Felsen Schutz.

Fische

Die wechselwarmen Fische bleiben meist den ganzen Winter über aktiv. Im Süßwasser gibt es aber auch Fischarten, die sich auf den Grund absinken lassen und dort in Winterstarre fallen. Im Meer tauchen Plattfische wie die Rotzungen ④ mehrere hundert Meter tief, wo sie zu tausenden überwintern.

⑥

⑦

Ein Leben auf Sparflamme

③

④
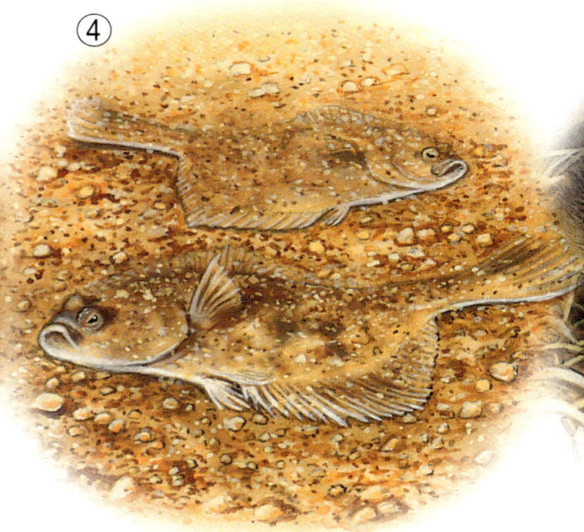

⑤

Winterschlaf

Warmblütige Tiere wie Vögel und Säugetiere haben eine mehr oder weniger konstante Körpertemperatur von 30 bis 40 °C. Wenn die Außentemperatur sinkt, verbraucht ihr Körper mehr Energie, um diese Temperatur zu halten. Einige Säugetiere fallen deshalb in Winterschlaf. Sie hören auf zu fressen, ihre Körpertemperatur sinkt auf bis zu 5 oder 8 °C ab und der Herzschlag verlangsamt sich. Beim Murmeltier ⑤ verringert sich der Herzschlag von 130 auf 15 Schläge pro Minute. Das Tier versinkt in einen tiefen Schlaf. Es rollt sich zu einer Kugel zusammen, damit es wenig Wärme verliert. In ihre Flügel gewickelt hängt die Fledermaus ⑥ in einer dunklen Höhle kopfüber von der Decke. Der Igel ⑦ und die Haselmaus ⑧ rollen sich in ihrem Nest zusammen.

Kurze Wachphasen

Der Winterschlaf der Tiere wird von kurzen Wachphasen unterbrochen, die am Anfang und Ende des Winters häufiger sind. Das Murmeltier beispielsweise schläft 3 bis 10 Tage und bleibt dann 2 Tage wach. Es verlässt seinen Bau kurz, untersucht die Umgebung, richtet es sich bequem ein, putzt sich, macht sein Geschäft und schläft wieder ein.

Sonderfälle

Der Bär ⑨ hält keinen echten Winterschlaf, sondern Winterruhe. Seine Körpertemperatur sinkt nur um einige Grad und bei milder Witterung wacht er auf. Einige Vögel wie die Meisen fallen in Kältestarre, wenn die Nahrung knapp ist. Der einzige Vogel, der bekanntermaßen Winterschlaf hält, ist die Winternachtschwalbe ⑩ aus Nordamerika.

⑧

⑨

⑩

LEBENSRÄUME
IN DER WÜSTE

Wüstenspringmaus

Wüstenhase

Klapperschlange

Wüsten sind Zonen, in denen nur wenige Pflanzen wachsen, da Niederschläge selten und unregelmäßig sind. Dennoch leben auch hier viele Tiere. Jede Art hat sich auf ihre Art und Weise an den Wassermangel, die extreme Hitze am Tag und die sehr kalten Nächte angepasst.

Auf der Suche nach Wasser

Die Tiere müssen weite Strecken zurücklegen, um Wasserstellen zu finden, falls sie nicht in der Nähe einer Oase leben, dem einzigen Ort, an dem es ständig Wasser gibt. Die Spießflughühner gehören zu den wenigen Vögeln, die in der Wüste leben. Sie legen jeden Tag bis zu 70 km zurück, um beim Baden zu trinken. Zurück am Nest trinken die Jungen das im Brustgefieder mitgebrachte Wasser. Spießflughühner sind eine Ausnahme, denn die meisten Wüstenbewohner brauchen nicht so viel Wasser. Das Dromedar kann 8 Tage ohne Wasser auskommen, weil es wenig Wasser ausscheidet und sein Körper hohe Wasserverluste verkraften kann. Die Mendesantilope kann monatelang ohne Wasser leben; ihr genügt das in der Nahrung enthaltene Wasser. Eine ähnliche Strategie ermöglicht es kleinen Nagetieren und Reptilien, niemals trinken zu müssen.

Wasser sparen

Alle Bewohner der Wüste vermeiden gefährliche Wasserverluste in ihrem Organismus. Daher sind bei ihnen Urin und Kot stark konzentriert. Die dicke Körperhülle,

Das zweihöckrige Trampeltier lebt in den Wüsten Asiens, im Iran und im Norden Chinas. Die Sommer sind dort sehr heiß, die Winter dagegen eiskalt. Vor Kälte schützt sich das mit dem Dromedar verwandte Tier mit einem dichten Fell, das im Frühling in Fetzen abfällt.

Wasser sparen und sich vor Hitze schützen

das heißt die schuppige Haut der Reptilien und der Panzer der Skorpione oder Insekten, schützt vor Austrocknung. Wie alle Säugetiere schwitzt auch das Dromedar, aber erst, wenn die Körpertemperatur über 41 °C ansteigt. Der Wüstenhase hat sehr lange Ohren, über die er möglichst viel Wärme abgibt, um Schwitzen zu vermeiden.

Vor der Hitze flüchten

Wenn die Lufttemperatur in der Wüste 45 °C beträgt, ist der Sand über 70 °C heiß. Daher kriechen viele Wüstentiere nur nachts aus ihrem Versteck. Tagsüber bleiben die Wüstenfüchse und Wüstenspringmäuse der Sahara sowie die Halsbandpekaris und die Kängururatten der amerikanischen Wüsten in ihren kühlen, unterirdischen Bauen. Die Schlangen verschließen Nasenöffnungen und Kiefer, bevor sie sich in den schützenden Sand eingraben. Echsen und Skorpione kriechen unter Steine. Der amerikanische Gila-Specht pickt eine Höhle in einen Kaktus, wo er Abkühlung findet.

Fortbewegung

Mit Einbruch der Nacht kommt Leben in die Wüste. Von Schakalen beobachtet verlassen Arabische Oryx und Mendesantilopen den Schatten, den die wenigen Büsche spenden, um zu weiden. Dank ihrer breiten Hufe versinken sie nicht im Sand. Wüstenspringmäuse und Kängururatten bleiben nicht stecken, weil sie auf ihren langen Hinterläufen über den Sand springen.

DIE GEMÄSSIGTEN WÄLDER

Gemäßigte Laub- und Mischwälder sind in Europa weit verbreitet. Dort wachsen Eichen, Buchen und andere Laubbäume, deren Blätter im Herbst abfallen. Die Tiere, die hier leben, finden ein großes Nahrungsangebot und viele Unterschlupfmöglichkeiten in Bäumen und Büschen oder unter der dicken Laubschicht am Boden. Sie müssen sich jedoch dem Wechsel der Jahreszeiten anpassen können.

1. *Fuchs*
2. *Reh*
3. *Hirschkuh*
4. *Hirsch*
5. *Wildschwein*
6. *Spitzmaus*
7. *Baumwanze*
8. *Eichelhäher*
9. *Eichhörnchen*

Herbst

Die Tiere bereiten sich nun auf den Winter und den kommenden Nahrungsmangel vor. Der Kuckuck zieht in wärmere Regionen, der Eichelhäher legt Vorräte von Eicheln und Bucheckern an; das Eichhörnchen macht es ebenso. Die Spitzmaus frisst sich vor dem Winterschlaf satt: Sie geht unter der Laubschicht auf die Jagd, wo es vor Insekten wie den Baumwanzen nur so wimmelt. Unter dem welken Laub versteckt die Maus sich auch vor dem Fuchs und dem Wildschwein, ihren größten Feinden. Das Wildschwein ist das größte Säugetier der gemäßigten Wälder. Im Winter gräbt es mit seinen langen Hauern die Eicheln im Boden aus. Hirsche ernähren sich von Rinde und Flechten. Im September und Oktober schallt das Röhren der Hirsche und das Klappern von Geweihen durch den Wald. Die imposanten Männchen kämpfen dann um einen Harem von Hirschkühen, mit dem sie sich fortpflanzen wollen. Die Rehe verlieren in dieser Jahreszeit ihr Geweih.

Leben im gemäßigten Wald im Herbst

Tiere im Wechsel der Jahreszeiten

Frühling und Sommer

Im Frühling fressen Wildschweine und Hirsche junge Schösslinge und zarte Knospen. Später ernähren sich verschiedene Vögel, Eichhörnchen und Füchse von Beeren, Früchten und Nüssen, die an den Büschen und Bäumen heranreifen. Die aus dem Winterschlaf erwachte Spitzmaus geht mit ihren Jungen spazieren. Der Frühling ist bei den meisten Tieren die Zeit der Paarungen und Geburten.

Die Jungen sind gut versteckt

Einige Wochen lang sieht man kaum ein Junges. Die Bache, das Wildschweinweibchen, versteckt 2 Wochen lang ihre 4 bis 6 Frischlinge in einer Mulde aus Blättern und Moos, die gut versteckt im Dickicht liegt. Das gestreifte Fell der Jungen ist eine gute Tarnung. Danach entdecken die Frischlinge den Wald bis zum Alter von 7 Monaten an der Seite ihrer Mutter. Die Jungen der Hirsche und Rehe, die Kitze, liegen zunächst gut versteckt im hohen Gras, bevor sie zur Gruppe der Hirschkühe stoßen. Fast alle Tiere zeigen sich vor allem während der Morgen- und Abenddämmerung. Rehkitze kommen im Mai zur Welt. Sie wurden im Juli-August des vorangegangenen Jahres gezeugt, denn der Sommer ist bei den Rehen Paarungszeit. Der Rehbock lockt die Weibchen mit einer Art Bellen. Er trägt nun sein Geweih, während der Hirsch, der es im Frühling abwarf, das neue Geweih an den Bäumen reibt. Dadurch streift er den Bast ab – eine Haut, die das Geweih überzieht.

Leben im gemäßigten Wald im Sommer

DER BOREALE NADELWALD

Der boreale Wald besteht aus Nadelbäumen, die ihre Nadeln das ganze Jahr über behalten und kälteunempfindlich sind. Der Boden ist 5 bis 8 Monate im Jahr mit Schnee bedeckt und gefriert bis in die Tiefe. Während des sehr kurzen Sommers reifen an den Büschen Heidel- und Preiselbeeren. Der boreale Nadelwald, der über ein Drittel aller Waldflächen der Erde bedeckt, erstreckt sich 10 000 km entlang des nördlichen Polarkreises von Alaska bis nach Sibirien über Kanada, Norwegen, Schweden, Finnland und Russland.

Vögel

Im Winter vertreiben Eis und Kälte die meisten Vögel wie zum Beispiel die Wildgänse aus dem hohen Norden. Der Kreuzschnabel ① ist einer der wenigen Vögel, die bleiben. Im Sommer frisst er vor allem Insekten, im Winter ernährt er sich von den Samenkörnern aus Zapfen, die er mit seinem gekreuzten Schnabel leicht herauspicken kann. Er setzt den Schnabel auch beim Klettern auf Bäume ein.

Hirscharten

Das Rentier ②, das in Nordamerika Karibu heißt, überwintert im borealen Nadelwald. Den Sommer verbringt es in der Flechtenlandschaft der Tundra, die im Norden an den Wald angrenzt. Der Elch ③ verlässt den Wald nicht und bleibt stets in der Nähe von Flüssen und Seen. Im Sommer, wenn es vor Stechmücken nur so wimmelt, badet er stundenlang. Zwischendurch weidet er Wasserpflanzen ab und taucht dazu bis zu 5 m tief. Im Frühling frisst er Blätter und Zweige von Sträuchern. Im Winter ernährt sich der Elch von Rindenstücken junger Bäume.

Der Sibirische Tiger ist der größte Vertreter der Raubkatzen. Er lebt in den bewaldeten Bergen Sibiriens und der Mandschurei. Nachts legt er auf der Jagd nach großen Säugetieren weite Strecken zurück. Wegen Abholzung und Wilderei gibt es nur noch knapp 200 Sibirische Tiger in freier Wildbahn.

Raubtiere des Waldes

Trotz ihrer imposanten Größe (ein Elch wiegt bis zu 800 kg) fallen die großen Hirsche Wölfen ④ und Vielfraßen ⑤ zum Opfer. Letztere ähneln Bären, zählen aber zur Familie der Marder. Die Schneelandschaft ist für Vielfraße das ideale Jagdrevier. Mühelos erlegen sie Rentiere und lagern die Kadaver manchmal unter dem Schnee. Der ebenfalls zu den Mardern zählende Mink oder Nerz ⑥ aus Nordamerika jagt an Land nach Kaninchen und Bisamratten und im Wasser nach Fischen, Flusskrebsen und Fröschen. Neben dem Menschen, der es auf sein schönes, Wasser abweisendes Fell abgesehen hat, ist auch der Luchs ⑦ sein Feind. Diese nachtaktive Raubkatze ist die größte Wildkatze. Der Luchs jagt bevorzugt Hasen; im Herbst lauert er ganzen Familien von ihnen auf.

Das ganze Jahr aktiv

Wie die Raubtiere ist auch der Biber ⑧ das ganze Jahr aktiv. Wenn im Winter die Wasserflächen zufrieren, schwimmt er unter dem Eis weiter. Ein dicker Flaum unter seinen langen Haaren schützt ihn vor Kälte.

In der Höhle

Der boreale Nadelwald ist auch Lebensraum des Grislis ⑨. Der Braunbär verbringt fast den ganzen Winter in seiner Höhle. Wenn er im Frühling herauskommt, hat er ein Drittel seines Gewichts verloren. Mit Vorliebe macht er Jagd auf Lachse. Im Sommer ernährt er sich auch von Gräsern, Blättern, reifen Früchten und Honig. Fleisch frisst er nur, wenn ihm ein junger Hirsch über den Weg läuft.

Im borealen Nadelwald Nordamerikas

DER TROPISCHE REGENWALD

Entlang des Äquators erstrecken sich die tropischen Regenwälder. Im feuchtwarmen Klima wachsen das ganze Jahr über Pflanzen und Früchte. In den dichten Wäldern kämpfen die immergrünen Bäume darum, ans Sonnenlicht zu gelangen. Die höchsten Bäume werden 60 bis 75 m groß. Unter diesen Baumriesen wachsen niedrigere Bäume, deren Blätterdach sich in 25 bis 40 m Höhe befindet. Im Kronendach des Waldes wimmelt es von Leben.

Sich orientieren

Der Blätterwald ist so dicht, dass sich die auf den Bäumen lebenden Tiere vor allem mit Lauten verständigen. Die lautesten von ihnen sind die Brüllaffen ①, die jeden Morgen ein Brüllkonzert veranstalten, um die anderen Gruppen von ihrem Revier fern zu halten. Der Koboldmaki ② schläft tagsüber. Nachts spürt der Halbaffe mit den großen, empfindlichen Ohren und riesigen Augen seine Beute auf. Die Rotaugenlaubfrösche ③ gehen nachts auf Insektenjagd. Damit sie bei Dunkelheit besser sehen können, vergrößern sich ihre Pupillen. Diese Baumbewohner finden wie die giftigen Pfeilgiftfrösche ④ Feuchtigkeit und Wasser in den Blättern der Pflanzen, die auf den Stämmen wachsen. Einige Froscharten halten sich nie am Boden auf, nicht einmal zur Eiablage.

In über 25 m Höhe

In luftiger Höhe leben

Der Orang-Utan ⑤ steigt nur selten von den Bäumen herab. Mit seinen bis zu 2 m langen Armen und den Greiffüßen kann er geschickt von Ast zu Ast hangeln. Für seine tägliche Ration an Blättern, Früchten und Kleintieren muss er große Entfernungen zurücklegen. Das Faultier ⑥, das nicht zur Unterordnung der Affen gehört, bewegt sich dagegen so wenig, dass sich in seinem Fell Algen und Insekten einnisten. Es schläft 19 Stunden am Tag und hängt dabei an seinen hakenförmigen Krallen von einem Ast. In dieser Zeit verdaut das Faultier die Blätter, die es zuvor gefressen hat.

Fliegende Tiere

Fliegen ist in dieser Umgebung die praktischste Art der Fortbewegung. Bei Gefahr entfaltet der Faltengecko ⑦ die Hautmembranen an seinen Körperseiten und spreizt die Spannhäute zwischen den Zehen. Er flieht im Gleitflug. Die leuchtend bunten Aras ⑧ fliegen zwischen den höchsten Ästen hin und her. Sie fressen Nüsse, die sie mit ihrem zangenartigen Schnabel aufbrechen. Der Tukan ⑨ und der Nashornvogel ⑩ kommen mit ihrem langen Schnabel auch an weiter entfernte Früchte heran.

Die abgebildeten Tiere leben zum Teil in unterschiedlichen Regionen.

DER TROPISCHE REGENWALD

Im tropischen Urwald gelangen Sonnenstrahlen nur selten bis auf den Boden. Die Tiere, die sich im untersten Stockwerk aufhalten, leben immer im Dämmerlicht. Nur dort, wo große Bäume umgestürzt sind, oder an den zahlreichen Wasserläufen und Tümpeln finden sie sonnige Flecken. Die Tiere am Boden leben in einem Labyrinth aus Wurzeln, Farnen, Kletterlianen und jungen Bäumen. Der Boden ist von einer dicken Laubschicht bedeckt.

Am Boden

Der Nasenbär ① lebt in lärmenden Gruppen und ist mit dem Waschbären verwandt. Er durchwühlt tagsüber die dicke Laubschicht am Boden nach Pilzen, Beeren, Insekten und Mäusen. Nachts verstecken sich die Nasenbären im Dickicht. Die Gürteltiere ② haben einen Panzer aus sich überlappenden Knochenplatten. Mit ihren kräftigen Krallen öffnen sie Ameisen- und Termitennester und fangen die Insekten mit ihrer klebrigen Zunge.

Giftige Fallen

In der Laubschicht verborgen liegen auch die Wohnröhren der Vogelspinnen ③. In ihrem Unterschlupf gut versteckt lauert die Riesenspinne Insekten, Schlangen, Fröschen, Echsen oder kleinen Säugetieren auf. Ihr Gift wirkt nicht nur tödlich, sondern zersetzt auch das Fleisch des Opfers. Das erleichtert die Verdauung. Der Brasilianische Riesenskolopender ④, der sich unter Steinen oder unter der Borke umgefallener Bäume versteckt, ist für andere Tiere ebenso gefährlich. Der 30 cm lange Hundertfüßer besitzt 23 Beinpaare. Am ersten Beinpaar sitzen Giftklauen, mit denen er Frösche und Mäuse tötet.

Die abgebildeten Tiere leben zum Teil in unterschiedlichen Regionen.

Tödliches Versteckspiel

Nachtaktive Jäger

Am Wasser lauert die Anakonda ⑤. Mit bis zu 250 kg ist sie die schwerste von allen Schlangen. Sie lässt sich treiben, bis sie eine Beute erspäht und pfeilschnell auf sie zugleitet. Sie macht Jagd auf Stelzvögel oder erwürgt mit ihrem Körper einen jungen Jaguar ⑥ oder einen ausgewachsenen Kaiman ⑦. Wie die Raubkatzen des Urwalds gehen Anakondas und Kaimane überwiegend nachts auf Jagd. Die Streifen des Tigers ⑧ und die Ringflecken des Jaguars sind tagsüber eine ausgezeichnete Tarnung, da diese Muster wie die spärlichen Sonnenstrahlen im Wald aussehen.

Unauffällige Bewohner

Angesichts der vielen Gefahren leben zahlreiche Tiere lieber im Verborgenen. Das Opossum ⑨, eines der seltenen amerikanischen Beuteltiere, verlässt nur nachts sein Versteck in den Bäumen. Das Okapi ⑩ ist so scheu, dass es erst Anfang des 20. Jahrhunderts erforscht werden konnte. Man stellte fest, dass es trotz der Streifen an seinen Beinen und Schenkeln kein „Waldzebra“ ist, sondern vielmehr zur Familie der Giraffen gehört. Es hat eine lange, sehr bewegliche Zunge, mit der es Blätter und Knospen abreißt.

Menschenaffen

Die Gruppen der Schimpansen ⑪ und Gorillas ⑫ sind weniger unauffällig. Sie lassen sich mit Vorliebe auf Lichtungen und an Böschungen nieder, wo sie spielen und sich lausen können. Die Schimpansen bauen sich Schlafnester in den Bäumen, um nachts sicher zu sein. Die männlichen Gorillas müssen wegen ihres Gewichts (bis zu 200 kg) auf einer Unterlage aus Blättern und Gräsern am Boden schlafen.

DIE SAVANNE

Die afrikanische Savanne ist eine ausgedehnte Graslandschaft in den Tropen, in der Bäume wie Akazien oder Affenbrotbäume wachsen. Das Leben wird von den sich abwechselnden Regen- und Trockenzeiten bestimmt. In deren Rhythmus begeben sich die Herden der Pflanzenfresser auf Wanderschaft. In der Savanne leben die größten Landsäugetiere wie der Elefant und die Giraffe, aber auch die schnellsten Raubkatzen wie die Geparde.

Im Rhythmus der Trocken- und Regenzeiten

Während der Trockenzeit, die bis zu 9 Monate dauern kann, wandern die Herden der Gnus ①, Zebras ②, Gazellen ③ und Antilopen häufig in grünere Regionen. Die Elefanten ④, die in Herden von 20 Tieren leben, schließen sich während der Trockenzeit für die großen Wanderungen zu hunderten zusammen. Mit der Regenzeit kehrt der Nahrungsüberfluss zurück. Das Gras ist hoch und es gibt viele Wasserstellen. Zebras bevorzugen härtere Pflanzen, während Antilopen und Gnus die zarten Gewächse fressen. Die Giraffen ⑤ kommen mit ihrem langen Hals auch an höher gelegene Zweige heran; den Elefanten gelingt dies dank ihres Rüssels. Die nebeneinander lebenden Arten von Pflanzenfressern schützen sich gemeinsam vor Raubtieren: Die großen Giraffen sehen am weitesten. Die stattlichen Gnus werden nur dann von Raubkatzen angegriffen, wenn ein Tier aus Unachtsamkeit abseits der Herde steht.

Brände gehören zum Leben in der Savanne. Während der Trockenzeit entflammt das von der Sonne trockene Gras sehr leicht. Das Feuer ist eine Gefahr für die Tiere, doch es verhindert auch die Ausbreitung der Bäume und fördert das Wachstum der Gräser, von denen sich die Pflanzenfresser ernähren.

Die Savanne während der Trockenzeit

Löwenmütter

Löwinnen leben in Rudeln von 5 bis 10 Weibchen. Sie bringen ihre Jungen gleichzeitig zur Welt. Um die Jungen vor Raubkatzen und Hyänen zu beschützen, wechseln sie häufig ihren Aufenthaltsort. So sind sie nicht so leicht aufzuspüren. Dennoch sterben viele Junge. Die Löwenmütter ziehen ihren Nachwuchs gemeinsam groß. Sie säugen sowohl die eigenen als auch die Jungen der anderen Weibchen. Im Alter von 3½ Monaten begleiten die Löwenjungen ihre Mutter auf die Jagd und lernen, wie man Beute aufspürt. Es dauert 2 Jahre, bis sie alleine jagen.

Weites Grasland in den Tropen

Sicherheitsabstand

Die Herden weiden in aller Ruhe und scheinen völlig unbekümmert angesichts der ständigen Bedrohung durch Raubtiere. Doch plötzlich kommt Bewegung in die Herde: Ein Raubtier hat die unsichtbare Grenze überschritten, innerhalb der sich die Tiere sicher fühlen. Gazellen zum Beispiel lassen einen Löwen bis auf 200 m herankommen. Wenn er sich in dieser Entfernung zeigt, ist er gerade nicht auf der Jagd. Der Sicherheitsabstand zu einem Gepard ⑥ ist 4-mal größer. Wenn er mit 110 km/h lossprintet, kann er eine Gazelle leicht einholen, obwohl sie immerhin 80 km/h schnell laufen kann!

Fleischfresser und Aasfresser

In der Dämmerung scharen sich die Herden um ihre Jungen. Dann gehen Raubkatzen wie die Löwen ⑦ und die Rudel der Hyänen auf die Jagd. Hyänen fressen nicht nur Kadaver, sondern auch frisches Fleisch. Ist keine Beute in Sicht, können Hyänen einem Löwen so zusetzen, dass er seine Beute aufgibt. Bei Tagesanbruch tauchen weitere Aasfresser auf. Mit der aufsteigenden Warmluft schwingen sich Geier ⑧ und Marabus ⑨ in die Lüfte und halten nach Tierkadavern Ausschau. Bei beiden Vögeln sind Kopf und Hals nackt, damit sich keine Krankheitserreger ansammeln können, wenn sie ihren Schnabel in die Kadaver stecken. Viele Menschen mögen diese Tiere nicht, doch tatsächlich sind sie sehr nützlich, da sie die Vermehrung der Schmeißfliegen und Parasiten eindämmen. Sie sind sozusagen die „Putzkolonne“ der Savanne.

GRASLANDSCHAFTEN

Im gemäßigten und kontinentalen Klima gibt es ausgedehnte Grünlandschaften. Pflanzen fressende Tiere finden hier im Frühling alle Arten von Gräsern, im Sommer reife Körner, die für den Winter eingelagert werden, und viele Wurzeln. Es gibt unzählige Insekten – reichlich Nahrung also für die Insektenfresser. Zum Schutz gegen Feinde leben die meisten Tiere versteckt im Gras oder unter der Erde.

Das europäische Grünland

Auf den Wiesen und Weiden der Landwirte leben vor allem scheue Tiere wie die Wachtel ①. Ihr Gefieder tarnt sie ausgezeichnet. Tagsüber frisst sie Körner, Insekten und Früchte, nachts legt sich der kleine Vogel zu mehreren auf den Boden, wo er zwischen hohem Gras schläft. Auch der Hase ② verbirgt sich im Gras. Meist geht er nachts auf die Suche nach Gräsern und Wurzeln. Das schützt ihn aber nicht vor dem Fuchs ③, der Tag und Nacht jagt. Im Gegensatz zum Fuchs, der sich bei geringer Beute mit Würmern und Früchten zufrieden gibt, frisst das Wiesel ④ ausschließlich Nagetiere und Vögel. Das Wiesel muss jeden Tag ein Drittel seines Gewichts an Nahrung zu sich nehmen. Dank seines schlanken Körpers kann es kleine Nagetiere wie die Feldmaus ⑤ bis in den Bau verfolgen. Auch die Aspisviper ⑥ ernährt sich von Nagetieren, außerdem von Eidechsen. Sie wartet, bis ihre Beute in Reichweite ist. Für den Igel ⑦ ist die Schlange keine Gefahr – er frisst sie sogar manchmal. Meist hält er sich jedoch an kleinere Beute wie Würmer, Insekten und Spinnen. Gelegentlich frisst der Igel auch Vogeleier und Kadaver von Nagetieren.

Die Tiere des europäischen Grünlands verstecken sich gern in Hecken, Büschen, Gräben und unterirdischen Bauen.

Offenes Grünland und reichlich Nahrung

Die amerikanischen Prärien

Trotz der Ausdehnung der landwirtschaftlich genutzten Flächen gibt es in Nord- und Südamerika immer noch weitläufige Prärien. In Nationalparks und Schutzreservaten der USA treten die Bisons ① immer noch in Herden ihre großen Wanderungen an. Natürlich sind es viel weniger Tiere als zu Zeiten der Indianer. Die Wiederkäuer und die Mustangs ②, die ausgewilderten Pferde, weiden das Gras ab und fördern damit neues Wachstum in der Prärie. Gleichzeitig düngen sie den Boden mit ihren Ausscheidungen. In der argentinischen Graslandschaft, die man als Pampa bezeichnet, ist der hochgewachsene Nandu ③ leicht zu erkennen. Er ist der amerikanische Verwandte des afrikanischen Straußes. Der 1,50 m große Laufvogel ernährt sich hauptsächlich von Gras, selbst wenn es von der Sonne völlig ausgetrocknet ist. Er frisst auch kleine Reptilien, darunter sogar Schlangen.

Eine hochgiftige Schlange

Nur wenige Tiere greifen die Diamantklapperschlange ④ an. Die in der nordamerikanischen Prärie lebende Schlange rasselt bei Gefahr mit den Ringen am Schwanzende. Dieses Geräusch vertreibt selbst wagemutige Angreifer, denn der Schlangenbiss ist tödlich. Mit ihren Giftzähnen erlegt sie Beutetiere wie Vögel und Nager. Diese Tiere werden auch von Kojoten ⑤ gefressen, die paarweise oder in kleinen Gruppen leben. Der mit dem Hund verwandte Kojote ist Raubtier und Aasfresser zugleich.

Die Städte der Präriehunde

Der Präriehund ⑥ ist kein Hund, sondern ein Nagetier. Bei Gefahr bellt er. Er sucht in über 1 km weit reichenden, unterirdischen Bauen Unterschlupf. Diese Baue reihen sich zu Städten aneinander. In jedem Bau lebt eine Familie: 1 Männchen, mehrere Weibchen und ihre Jungen.

Die weiten Ebenen Nordamerikas sind saftige Graslandschaften. Für Pflanzenfresser sind sie ein Paradies.

DAS HOCHGEBIRGE

Das Leben im Hochgebirge ist aufgrund der unwirtlichen Bedingungen hart. Mit zunehmender Höhe wird es immer kälter und der Luftsauerstoff wird immer knapper. Oberhalb der Grenze von 3000 m wächst in Europa und Nordamerika kein Baum mehr. In Asien und Südamerika hört der Baumwuchs bei 4000 m Höhe auf. Der Schnee und das schroffe Gelände erschweren das Vorankommen von Mensch und Tier.

Dem Winter entkommen

Der Braunbär ①, der in Wäldern und im Grasland bis zu 2000 m Höhe lebt, und das Murmeltier ②, das die sonnigen Hänge bis in 3200 m Höhe bewohnt, halten während der strengen Wintermonate Winterschlaf. Gämsen ③ und Steinböcke ④ verlassen die Almen und steigen in kleinen Gruppen in geschützte Wälder und Täler hinab. Das dunkelbraune Fell des Schneehasen ⑤, der bis auf 3700 m hinaufsteigt, färbt sich vor dem Winter weiß und verdichtet sich. Zum Schutz vor der Kälte gräbt er sich eine wärmende Höhle.

Fortbewegung im Gebirge

Der Schneehase hüpft auf seinen langen Hinterläufen mit den langen Haaren über den Schnee, ohne zu versinken. Die Bergziege, die Gämse und der Steinbock haben rutschfeste Hufe, mit denen sie flink über Felsen und auch Geröll an steilen Abhängen springen können. Manche Gämsen springen bis zu 6 m weit und 2 m hoch.

Anpassung an die Höhe

Im Wechsel der Jahreszeiten halten sich die Gämsen zwischen 800 und 3000 m Höhe auf. Der Steinbock klettert sogar bis auf 6700 m im Hoch-

Die Schneeziege hat rutschfeste Hufe, die weiche Ballen und feste Kanten haben. Damit kann sie sich auf den Felsen und Gletschern der Rocky Mountains im Westen Nordamerikas sicher bewegen.

Tiere in großen Höhen

gebirge Asiens. Die Säugetiere müssen etappenweise aufsteigen, damit sich ihr Organismus dem geringeren Sauerstoffgehalt in der Luft anpassen kann. Die Zusammensetzung ihres Blutes verändert sich dabei.

In großer Höhe fliegen

Schweben Vögel ohne Flügelschlag, dann gleiten sie. Während die Dohlen ⑥ sich auf die Schluchten in den Tälern mittlerer Höhe beschränken, schwingen sich die Greifvögel auf mächtigen Luftströmen entlang der Abhänge hoch in die Luft. Der Steinadler ⑦ ist ein gefährlicher Greifvogel mit scharfen Augen, der gerne Schneehasen jagt. Mit seinen großen Flügeln, an deren Ende Schwungfedern sitzen, die wie die Finger einer Hand abgespreizt sind, ist er ein ausgezeichneter Gleiter. Er kann jedoch nicht mit dem Bartgeier ⑧ konkurrieren, der auf seinen riesigen Schwingen (mit einer Spannweite von 2,80 m) Höhen von 6000 m erreicht. Dieser Greifvogel ist ein Aasfresser, der sich bevorzugt von Knochenmark ernährt. Damit die Knochen aufbrechen, lässt er sie auf Felsen fallen.

Der Yak lebt auf den Hochebenen des Himalajas bis in 6000 m Höhe. Wenn eisige Winde wehen, stellt er sich mit dem Rücken zum Wind.

LEBENSRÄUME IM SÜSSWASSER

Die Lebensräume im Süßwasser sind vielfältig; sie reichen von kleinen Tümpeln über Seen bis hin zu großen Flüssen. Man unterscheidet zwischen stehenden und fließenden Gewässern. In stehenden Gewässern leben unzählige winzige Tiere, von denen sich Fische und Vögel ernähren. Zahlreiche Arten pflanzen sich in dieser relativ geschützten Umgebung fort. Fließende Gewässer enthalten dank der Strömung mehr Sauerstoff, sind aber weniger ruhig.

Nahrungssuche

Am Gewässergrund lagern sich abgestorbene Pflanzenteile und tote Insekten ab. Von ihnen ernähren sich Würmer und Wirbellose. Diese wiederum werden von Karpfen und Brassen sowie Enten gefressen. Die Fische der Tümpel und Teiche wie das Rotauge sind eine ideale Beute für Wasseramseln und Reiher. Dieser Stelzvogel stellt sich gegen das Sonnenlicht ins Wasser, damit sein Schatten ihn nicht verrät, wenn er blitzschnell einen Fisch erbeutet. Anschließend betäubt er sein Opfer an der Uferböschung, bevor er es frisst.

Stehende Gewässer

Die ruhigen Gewässer der Tümpe und Teiche sind für Frösche und viele Insekten ein idealer Ort für die Eiablage. Hier besteht nicht die Gefahr, dass die Eier von der Strömung mitgerissen werden. Die Pflanzen fressenden Kaulquappen und die Fleisch fressenden Larven der Libellen und Stechmücken entwickeln sich im Wasser, bis sie ausgewachsene Tiere sind.

.tmung

ische und Kaulquappen sind n das Leben in Gewässern ngepasst und atmen mithilfe on Kiemen. Die Insektenlarven tmen über eine Art Röhre n ihrem Hinterleib. Die usgewachsenen Insekten önnen unter Wasser nicht tmen. Sie müssen beim auchen Luftreserven unter den lügeln mitnehmen. Die Wasser-pinne füllt ein Netz unter Vasser mit Luftblasen, vomit es zu iner Art Taucher-locke wird.

Fließende Gewässer

Die Forelle liebt das schnelle und sauerstoffreiche Wasser der Wildbäche. Doch im Kampf gegen die Strömung verbraucht sie viel Energie. Daher schwimmt die Forelle nur kurze Strecken und ruht sich dann hinter Steinen aus. Der Barsch und der Hecht bevorzugen Flüsse mit weniger Strömung, wo sie sich zwischen Wasserpflanzen verstecken können. Sie sind dennoch ausgezeichnete Schwimmer und Jäger. All diese Fische ernähren sich von kleinen Fischen wie Gründlingen, Fröschen oder Flusskrebsen. Die Krebse vergraben sich tagsüber im Schlamm oder Sand und zeigen sich nur nachts. Der Aal macht es ebenso. Auf seiner Laichwanderung muss der Lachs auch Wasserfälle überwinden.

HALB AN LAND, HALB IM WASSER

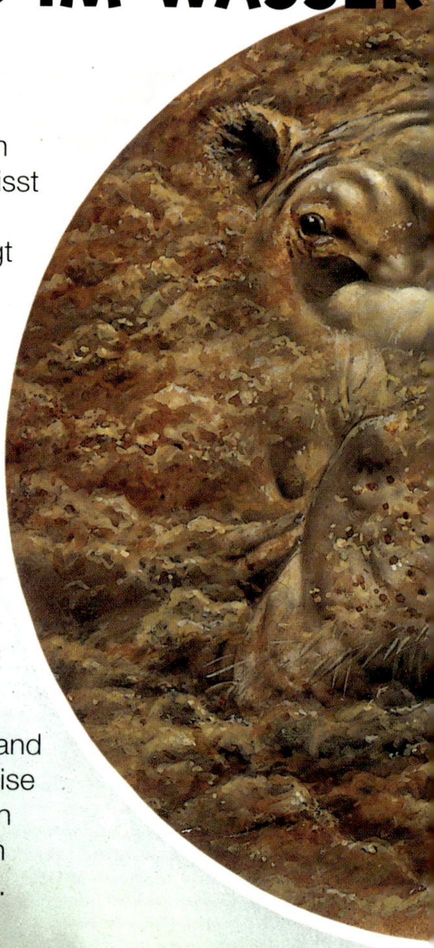

Otter, Biber, Flusspferde, Krokodile und Alligatoren sind Landtiere, verbringen jedoch viel Zeit in Seen und Flüssen. Im Wasser finden sie Schutz vor Hitze und Feinden. Gleichzeitig sind die Gewässer ausgezeichnete Jagdreviere. Diese Tiere sind an ein Leben im Wasser so gut angepasst, dass sie sich dort sogar paaren.

Der Biber

Seine Nahrung findet der Biber an Land: Im Frühling und Sommer frisst er Gräser und Blätter, im Winter Rinden und Zweige. Sein Bau liegt jedoch im ufernahen Gewässer. An der Errichtung des Baus beteiligt sich die ganze Biberfamilie. Dämme aus Stämmen und Ästen, die mit Schlamm und Steinen befestigt werden, erhöhen den Wasserspiegel des Flusses. Dadurch liegen die Eingänge zum Bau immer unter Wasser und sind für Feinde unzugänglich. Vorräte an Zweigen und Ästen werden am Gewässerrand angelegt. Auf diese Weise leiden die Biber nicht an Nahrungsmangel, wenn der Fluss zugefroren ist.

Es führen 2 Eingänge zur Wohnburg des Bibers. Sie liegen immer unter Wasser. Der obere Eingang ist schmal und kaum sichtbar. Durch den breiteren Gang transportieren die Biber größere Zweige.

Säugetiere und Reptilien

Das Flusspferd

Dieses riesige afrikanische Säugetier kommt nur nachts aus dem Wasser, wenn es kühler wird. Dann verschlingt es bis zu 40 kg Gras, das es mit seinen harten Lippen ausreißt. Sobald die Sonne scheint, kehrt es ins Wasser zurück. Seine recht dünne Haut reißt bei großer Hitze leicht auf und reagiert empfindlich auf Insektenstiche. Im Wasser kann es beide Übel vermeiden. Da die Insekten sogar in die Augenlider stechen, taucht das Flusspferd auch den Kopf unter Wasser und verschließt dabei Augen, Nase und Ohren. Wenn der Wasserspiegel während der Trockenzeit zu stark absinkt, nimmt es Schlammbäder. Die getrocknete Schlammschicht bildet eine Art Schutzpanzer.

Krokodile und Alligatoren

Wie alle Reptilien machen Krokodile und Alligatoren lange Ruhepausen in der Sonne an den Ufern der Gewässer. Ihr Jagdrevier ist jedoch das Wasser. Wie totes Holz liegen sie im Wasser, nur Augen und Nasenöffnungen schauen heraus. So lauern sie ihrer Beute auf. Frösche, Insekten, Vögel und kleine Säugetiere werden sofort verschlungen. Wenn Krokodile und Alligatoren eine Antilope oder ein Gnu erjagen, ertränken sie ihre Beute und lagern sie unter Wasser. Dort zersetzt sich das Fleisch und löst sich leichter von den Knochen.

Der Otter jagt 4-mal täglich im Wasser. Er lebt in einer schützenden Höhle, die er in die Uferböschung gegraben hat, oder in einem hohlen Baum am Ufer. Wie der Biber flüchtet er sich bei der geringsten Gefahr ins Wasser.

Wenn die Sümpfe im Sommer austrocknen, gräbt der Mississippi-Alligator sich in den Sand oder den Schlamm ein, wo es angenehm kühl ist. So getarnt lauert er Beutetieren auf, die in Reichweite vorbeikommen.

DIE KÜSTEN

An den Küsten in unserem gemäßigten Klima wechseln sich Sandstrände mit steilen Felsküsten ab. In den tropischen Regionen reicht der Wald manchmal bis ans Meer. In diesen Wäldern wachsen Mangrovenbäume, deren Stelzwurzeln im Schlamm Halt suchen. Die Tiere in den unterschiedlichen Küstenlandschaften leben im Rhythmus der Gezeiten, die 2-mal täglich das Land überschwemmen und dann wieder freilegen. Ebbe und Flut bringen den Tieren Nahrung, doch zugleich bergen die Gezeiten viele Gefahren.

Sandküste

Bei Ebbe graben sich Würmer, Muscheln, Krebse und Garnelen in den Sand, um nicht auszutrocknen. Der Austernfischer ① entdeckt die Tiere jedoch meist, da sie Löcher im Sand hinterlassen oder die von den Würmern ausgeschiedenen Sandspiralen sie verraten. Bei Flut kommen alle Tiere aus ihren Verstecken, um zu fressen. Muscheln filtern Nahrung aus dem Wasser. Wattwürmer ② fressen die winzig kleinen Organismen im Sand. Krebse ③ und Garnelen ④ ernähren sich von Muscheln, Würmern oder Seegurken, fressen aber auch Kadaver.

Felsküste

Die auf Felsen lebenden Muscheln müssen sich fest verankern, damit sie mit den Brandungswellen nicht ins Meer gespült werden. Miesmuscheln ⑤ besiedeln den Felsen, indem sie mit kleinen, sehr festen Haftfäden am Fuß Halt finden. Die Napfschnecken ⑥ saugen sich mit ihrem Saugfuß fest. Sie liegen eng am Felsen an, da sie ihr Gehäuse nach und nach am Felsen abgefeilt haben. Damit die Muscheln nicht austrocknen, wenn das Wasser zurückweicht, schließen sie einen Wasservorrat in ihre beiden Schalen ein. Die Seeanemone ⑦ wartet in Felsspalten auf die Flut, um dann mit ihren giftigen Tentakeln Beute zu fangen.

Bei Ebbe findet der Austernfischer reichlich Würmer und andere Wirbellose im Sand.

Ebbe und Flut bestimmen das Leben

Auf den Klippen nisten Seevögel, da sie hier vor Feinden geschützt sind. Die großen Silbermöwen ⑧ lassen sich auf dem oberen Felsen nieder. Die kleineren Möwen ⑨ und Kormorane ⑩ beziehen den unteren Felsenbereich.

In den Mangrovenwäldern

Jeden Abend lässt sich der Rote Ibis ① in den Baumkronen der Mangrovenwälder nieder und ist somit vor Raubtieren sicher. Tagsüber wühlt er mit seinem langen, gebogenen Schnabel im Schlamm und sucht nach Krebsen und Muscheln. Der ihm verwandte Silberreiher ② schreitet hochbeinig durch das flache Wasser.

Zwischen den Wurzeln der Mangrovenbäume lebt die Winkerkrabbe ③, die ihre Nahrung aus dem Schlamm herausfiltert. Der Schlammspringer ④ klettert mit seinen zu Beinen umfunktionierten Brustflossen oft auf Wurzeln. Auf den Ästen ringelt sich eine hochgiftige Mangroven-Nachtbaumnatter ⑤, die Jagd auf Nagetiere, Echsen und nachtaktive Vögel macht. Das 4 bis 7 m lange Leistenkrokodil ⑥, das in den Mangrovenwäldern Südostasiens und Nordaustraliens lebt, gilt als noch gefährlicher.

DAS KORALLENRIFF

In den tropischen Meeren gibt es farbenprächtige Korallenriffe. Diese riesigen Kalkstrukturen werden von Korallenpolypen aufgebaut. Das sind winzige, millimetergroße Nesseltiere, die in Kolonien leben. In den Korallenriffen findet eine unglaubliche Vielfalt von Tieren Nahrung und Unterschlupf. Der Artenreichtum der Riffe ist mit dem der tropischen Regenwälder vergleichbar.

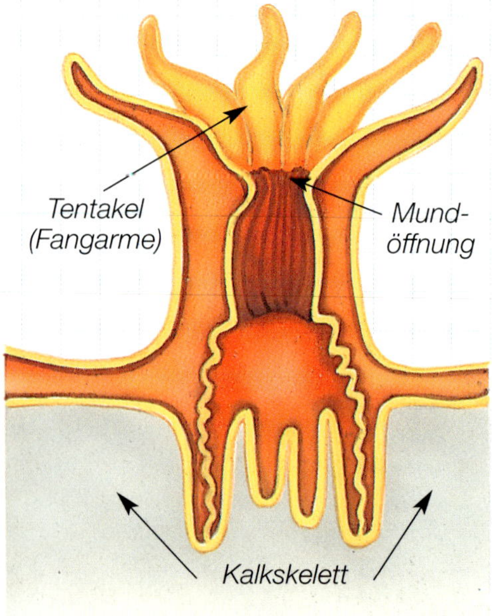

Polyp im Längsschnitt

Der Körper des Korallenpolypen hat Tentakel mit giftigen Nesselzellen und ist mit dem Boden verwachsen. Der Polyp umgibt sich mit einer schützenden Kalkschale.

Tiere mit festem Standort

Neben den Korallenpolypen oder Korallen ① leben weitere Tiere der gleichen Familie festsitzend auf dem Meeresgrund oder auf unterseeischen Felsen. Zu ihnen gehören die Fächerkorallen ② und die Seeanemonen ③. Korallen und Fächerkorallen leben in Kolonien; die Anemonen sind Einzelgänger. Sie alle fangen mit ihren Tentakeln Beute ein. Die Schwämme ④ haften ebenfalls am Grund. Sie filtern Nährstoffe aus dem Wasser.

Versteckspiel

Vereinzelt sieht man Schwämme über den Meeresgrund wandern. In diesen Fällen hat ein Krebs einen Schwamm abgerissen und sich zur Tarnung auf den Rücken gesetzt. Die Bewohner der Riffe bilden oftmals eigenartige Gemeinschaften, um sich vor Feinden zu schützen. Dies ist nötig, da das Leben im Riff eng vernetzt ist. Überall verbirgt sich ein Beutetier oder liegt ein Jäger auf der Lauer. Der Clownfisch ⑤ findet Schutz bei einer Anemone. Zwischen ihren giftigen Tentakeln

Der Zackenbarsch lässt sich von Putzerfischen reinigen.

Die »tropischen Urwälder« der Ozeane

ɪst er vor Feinden sicher. Für ihn ɜelbst ist das Gift ungefährlich. ɪm Gegenzug befreit der Clown-ɾisch die Anemone zum Beispiel ɾon Schmutz und Abfall. Bei ɗer geringsten Gefahr verwan-ɗelt sich der Igelfisch ⑥ in ɘine stachelige Kugel. Der Rot-ɾeuerfisch ⑦ besitzt an den Rückenflossen abschreckende Giftstacheln.

Ein Festmahl für alle

Der Papageifisch ⑧ knabbert mit seinem harten Maul die Kalkschale der Korallen auf und frisst die Polypen. Der Falterfisch ⑨ ernährt sich ebenfalls von Polypen. Der Kaiserfisch ⑩ frisst Algen und Schwämme. Mit seinen Zähnen kann der Drückerfisch ⑪ die Schalen von Muscheln, die Panzer der Krebstiere und sogar die stachelige Hülle der Seeigel aufbrechen. Die Meerestiere, die Korallen und wirbellose Tiere fressen, werden wiederum von großen Raubfischen gejagt: Zu ihnen gehören der Zackenbarsch ⑫ und der Hammerhai ⑬, der dank seiner weit auseinander stehenden Augen ein großes Sichtfeld hat.

Die Riffbildung

Korallenriffe sind zum Teil mehrere Millionen Jahre alt. Sie entstehen durch sich anhäufende Kalkschalen toter Polypen. Diese Anhäufungen wachsen im Laufe vieler Jahrhunderte zu großen, teilweise gebirgsartigen Riffen heran. Solche Strukturen können nur in klaren, flachen und vor allem warmen Gewässern gebildet werden.

Stark vergrößerte Korallenpolypen an der Oberfläche eines Riffes

Der Hammerhai ist der Schrecken der Korallenriffe.

LEBENSRÄUME
DIE INSELN

Einige Inseln sind schon seit langer Zeit vom Rest der Welt abgeschnitten. Hier leben Tiere, die es nirgendwo sonst gibt. Sie haben die gleichen Vorfahren wie die Tiere des Festlandes, entwickelten sich aber getrennt weiter. Sie passten sich an die jeweilige Umgebung perfekt an und nutzten auf diese Weise die vorhandenen Gegebenheiten für sich. Ihre Entwicklung wurde durch das Fehlen von Feinden begünstigt.

Auf Sizilien, Zypern und Malta lebte früher eine über 50 cm große Spitzmaus. Sie war im Vergleich zu der einige Zentimeter großen Spitzmaus des Festlands riesig. Auf den Inseln hatte sie keine natürlichen Feinde. Sie starb jedoch aus, als Menschen die Inseln besiedelten. Inseln bilden eine in sich geschlossene Welt, in der sich zum Teil Riesen- oder auch Zwergformen der uns bekannten Tierarten entwickeln konnten.

Die Galapagosinseln

Die Galapagosinseln entstanden vor über 5 Millionen Jahren aus Vulkanen. Diese Inselgruppe im Pazifik ist über 1000 km von Südamerika entfernt. Dort lebt heute die einzige Echse, die ihre Nahrung im Meer findet. Die so genannte Meerechse ① taucht bis zu 30 m tief, um die Algen am Grund abzuweiden. Der auf den Galapagosinseln beheimatete Krebs ② kam zwar über das Wasser auf die Inseln, lebt heute aber in Küstennähe ausschließlich an Land. Zwei Inseln des Archipels werden von Pinguinen ③ bevölkert. Die Kälte liebenden Tiere können dort in der Nähe des Äquators

Die Inseln Ozeaniens

Der Kiwi ①, ein flugunfähiger Vogel, lebt nur noch in Neuseeland. Dort und in Australien – Inseln, die seit Millionen Jahren vom Rest der Welt abgeschnitten sind – leben heute noch Beuteltiere. Sie waren die ersten Säugetiere auf der Erde. Auf fast allen anderen Kontinenten wurden sie von den Säugetier abgelöst, die ihre Jungen komple im Körper austragen. Einige der Beuteltiere sind Fleischfresser wie der Tasmanische Teufel ②, ander sind Pflanzenfresser und leben an Boden, wie die Wallabys ③, der in den Bäumen lebende Koala ④ oder der Kuskus ⑤, der die Wälder Neuguineas bevölkert.

Eine Welt für sich

überleben, weil ein kalter Strom an den Küsten vorbeizieht. Da es keine Raubtiere gibt, hat der Stummelkormoran ④ heute zu kurze Flügel zum Fliegen und die Schildkröten ⑤ sind riesig. Die größten Exemplare sind 1,20 m lang und wiegen 250 kg. Manche Riesenschildkröten werden über 100 Jahre alt.

Komodoinseln

Auf der indonesischen Insel Komodo und auf 4 benachbarten Eilanden lebt die größte Landechse der Welt: der Komodowaran. Erst 1912 wurde er entdeckt. Er ist 2 bis 3 m lang, wiegt bis zu 130 kg und wird etwa 12 Jahre alt. Wahrscheinlich trieb er auf einem Stück Holz auf die Insel. Der Komodowaran hatte außer den Menschen keine Feinde; heute wird er geschützt. Er ist jedoch selbst ein gefährlicher Räuber mit großen Krallen, spitzen Zähnen und einem giftigen Speichel. Er kann Beutetiere von der Größe eines Wasserbüffels erlegen.

Madagaskar

Die Lemuren gehören zur Familie der Halbaffen. Auf den Kontinenten entwickelten sich aus ihnen die Affen. Lemuren leben heute nur noch auf der großen Insel Madagaskar, die sich vor der Entstehung der Affen von Afrika ablöste. Alle Lemuren haben große Augen, da sie nachtaktiv sind, und einen langen Schwanz, mit dem sie beim Springen von Baum zu Baum das Gleichgewicht halten.

Der Katta verbringt mehr Zeit am Boden als auf den Bäumen.

Die mausgroßen Zwergmakis sind die kleinsten Lemuren.

LEBENSRÄUME

DIE TIEFSEE

Unterhalb von etwa 200 m Tiefe dringen kaum noch Sonnenstrahlen durch das Wasser der Ozeane. Die Fische und Kalmare der Tiefsee müssen mit eigenen Leuchtsignalen auf die Jagd gehen, sich verteidigen und ihre Artgenossen erkennen. Je tiefer man taucht, umso kälter wird es und umso höher ist der Wasserdruck. Dennoch leben auch in Tiefen von 10 000 m Tiere. Sie sind überwiegend wirbellos.

Der Riesenkalmar kann bis zu 20 m lang werden. Er bevölkert alle Ozeane des Planeten bis in 1000 m Tiefe. Mit besonderen Leuchtorganen sendet er eigene Lichtsignale aus. Diese speziellen Zellen überziehen seinen ganzen Körper. Das ausgesendete Licht wechselt regelmäßig die Farbe. In der Dunkelheit der Tiefsee hat der Riesenkalmar Ähnlichkeit mit einer Girlande.

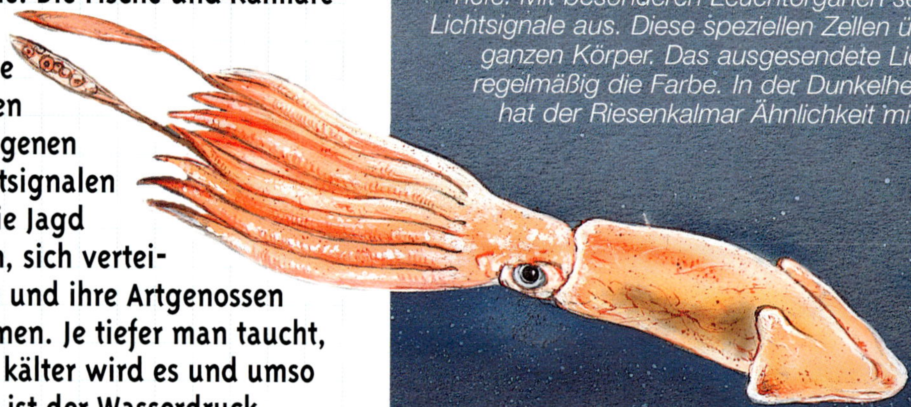

Am Meeresgrund in 6000 bis 10 000 m Tiefe leben nur kleine Tiere. Die meisten sind farblos, schwarz oder rot. In der Umgebung der Black Smokers („Schwarze Raucher") ① leben viele Tiere. Black Smokers sind heiße Tiefseequellen. Ihre Gase ernähren Bakterien, die wiederum Nahrung für andere Tiere sind. Der Röhrenwurm ② siedelt sich an den Seitenwänden der Black Smokers an. Er hat weder Mund noch Magen und ernährt sich mithilfe der Bakterien, die in seinen Kiemen am Ausgang der Röhren sitzen. Die Klaffmuscheln ③ nehmen die Bakterien direkt auf. Mit ihren über 1 m langen Tentakeln fängt die Tiefsee-Anemone ④ die Nährstoffe ein, die von oben auf sie herabregnen oder mit der Strömung treiben. Die Krebse ⑤ ernähren sich von den Kadavern anderer Tiere.

Der Anglerfisch hat am Kopf eine Hautfahne als Leuchtorgan. Sie dient als Köder beim Fischfang. Die Weibchen gehen auf die Jagd, während die viel kleineren Männchen als Parasiten unter ihren Flossen leben.

In den dunklen Tiefen der Ozeane

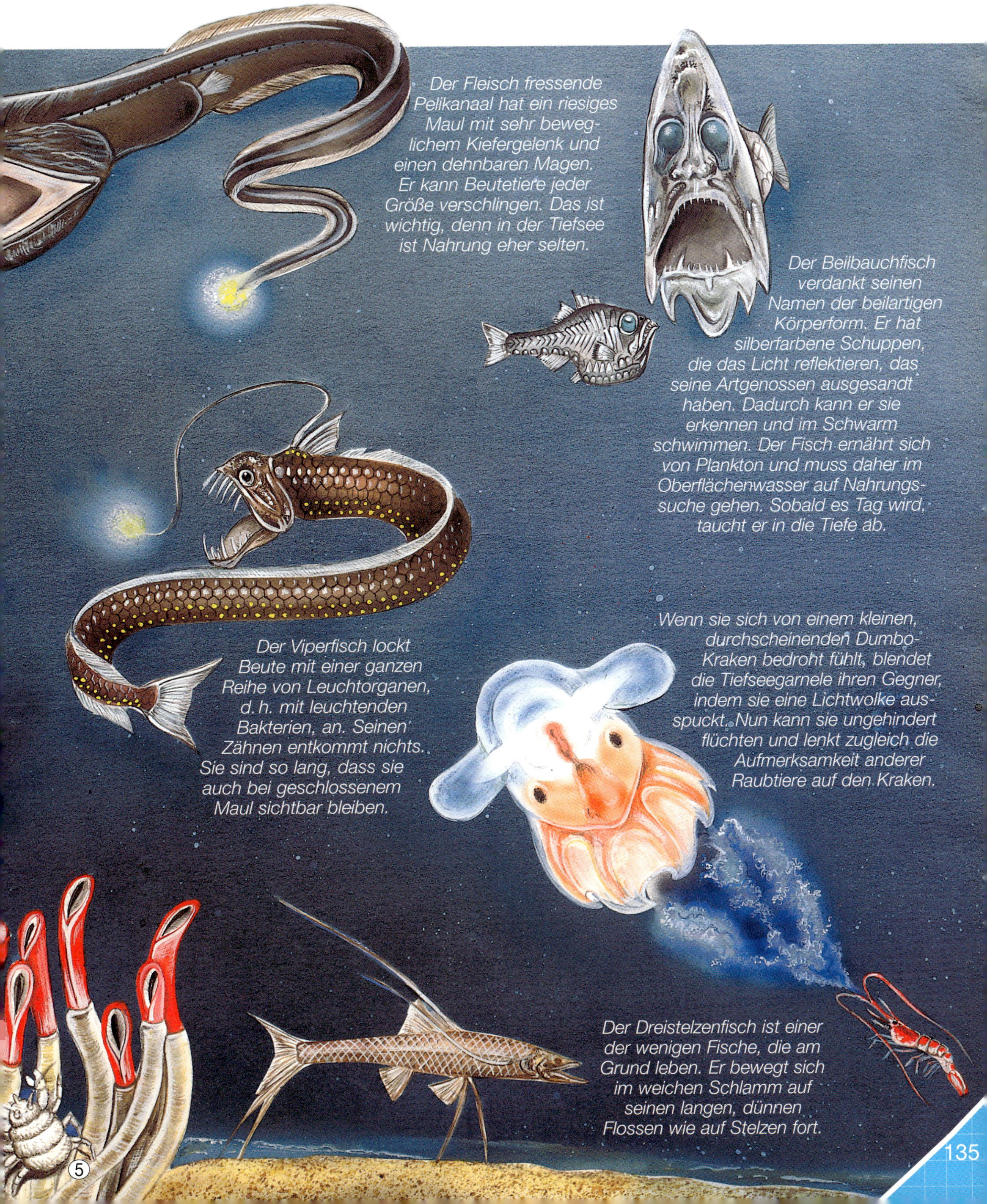

Der Fleisch fressende Pelikanaal hat ein riesiges Maul mit sehr beweglichem Kiefergelenk und einen dehnbaren Magen. Er kann Beutetiere jeder Größe verschlingen. Das ist wichtig, denn in der Tiefsee ist Nahrung eher selten.

Der Beilbauchfisch verdankt seinen Namen der beilartigen Körperform. Er hat silberfarbene Schuppen, die das Licht reflektieren, das seine Artgenossen ausgesandt haben. Dadurch kann er sie erkennen und im Schwarm schwimmen. Der Fisch ernährt sich von Plankton und muss daher im Oberflächenwasser auf Nahrungssuche gehen. Sobald es Tag wird, taucht er in die Tiefe ab.

Der Viperfisch lockt Beute mit einer ganzen Reihe von Leuchtorganen, d. h. mit leuchtenden Bakterien, an. Seinen Zähnen entkommt nichts. Sie sind so lang, dass sie auch bei geschlossenem Maul sichtbar bleiben.

Wenn sie sich von einem kleinen, durchscheinenden Dumbo-Kraken bedroht fühlt, blendet die Tiefseegarnele ihren Gegner, indem sie eine Lichtwolke ausspuckt. Nun kann sie ungehindert flüchten und lenkt zugleich die Aufmerksamkeit anderer Raubtiere auf den Kraken.

Der Dreistelzenfisch ist einer der wenigen Fische, die am Grund leben. Er bewegt sich im weichen Schlamm auf seinen langen, dünnen Flossen wie auf Stelzen fort.

WANDERUNGEN

DIE ZUGVÖGEL

Der Hunger treibt viele Vögel jedes Jahr dazu, weite Reisen auf sich zu nehmen. Nur die Körnerfresser finden ganzjährig Futter und müssen sich nicht auf Wanderschaft begeben. Die übrigen Vögel, die in Ländern mit strengen Wintern nisten, ziehen im Herbst in wärmere und nahrungsreichere Gebiete. Im Frühling kehren sie zurück. Unwetter, die Überquerung der Wüsten, natürliche Feinde und die Jagdlust der Menschen fordern das Leben zahlreicher Zugvögel.

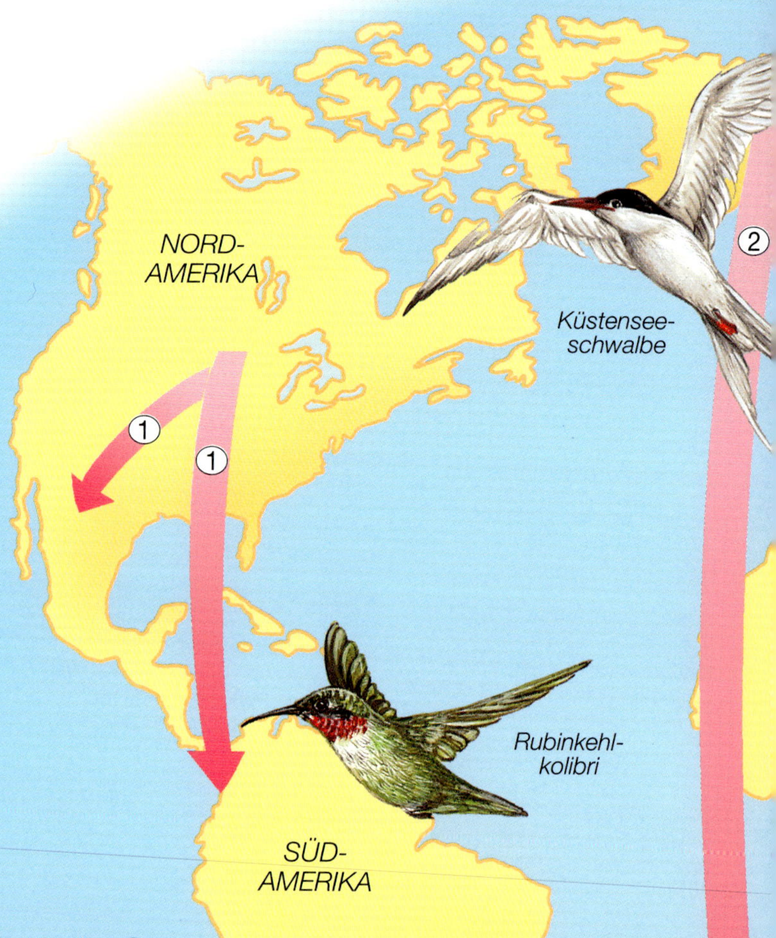

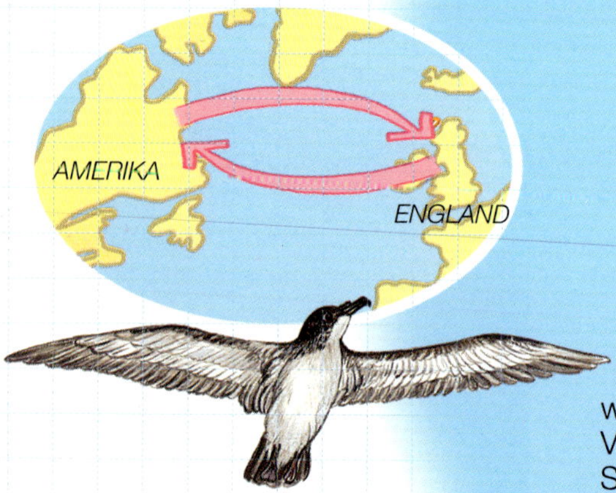

Ein Schwarzschnabel-Sturmtaucher, der in einem Flugzeug von der englischen Küste an die amerikanische Küste gebracht wurde, kehrte nach 13 Tagen in sein Nest zurück. Die Vögel orientieren sich an landschaftlichen Merkmalen, an der Sonne und den Sternen. Sie benutzen ihren inneren Kompass, der nach dem Magnetfeld der Erde ausgerichtet ist.

Der Rubinkehlkolibri ① wiegt nur 3 g. Dieser winzige Vogel fliegt jeden Herbst von Südkanada und vom Mittelosten der USA nach Mexiko und Mittelamerika. Die 3000 km weite Reise dauert ungefähr 20 Flugstunden. Sie ist für den Vogel sehr anstrengend, da er mit den Flügeln bis zu 75-mal pro Sekunde schlägt. Er erreicht Spitzengeschwindigkeiten von 80 bis 100 km/h. Doch die Anstrengung lohnt sich! Am Ziel angekommen, kann er sich an Nektar, Insekten und Spinnen laben, die im Winter in Nordamerika unauffindbar sind. Im Frühling kehrt jeder Kolibri an seinen Paarungsort im Norden zurück. Er nistet immer am gleichen Platz.

Weltmeister im Reisen

Die Küstenseeschwalbe ② ist der „Langstreckenflieger“ unter den Zugvögeln. Sie verbringt den Sommer am Nordpol. Wenn der Winter auf der nördlichen Halbkugel Einzug hält, ist sie schon wieder am Südpol, wo der antarktische Sommer beginnt. Sie fliegt insgesamt 8 Monate im Jahr und legt eine Gesamtstrecke von 32 000 km zurück. Unterwegs frisst sie Fische und Garnelen.

Die Schwalbe ③ verdoppelt fast ihr Gewicht, bevor sie auf Wanderschaft geht. Die kürzeren Tage gegen Ende des Sommers lösen bei ihr einen Heißhunger aus und sie frisst sich Eiweiß- und Fettreserven an. Im Herbst verlässt sie das Nest, nachdem sie ihre Jungen großgezogen hat. Sie überquert ohne Unterbrechung das Mittelmeer und die Sahara, wo es keine Fluginsekten gibt, die sie fressen könnte. Ihre Rückkehr kündigt den Frühling an. Die Schwalben aus Sibirien, die in Südafrika überwintern, legen die größten Strecken zurück.

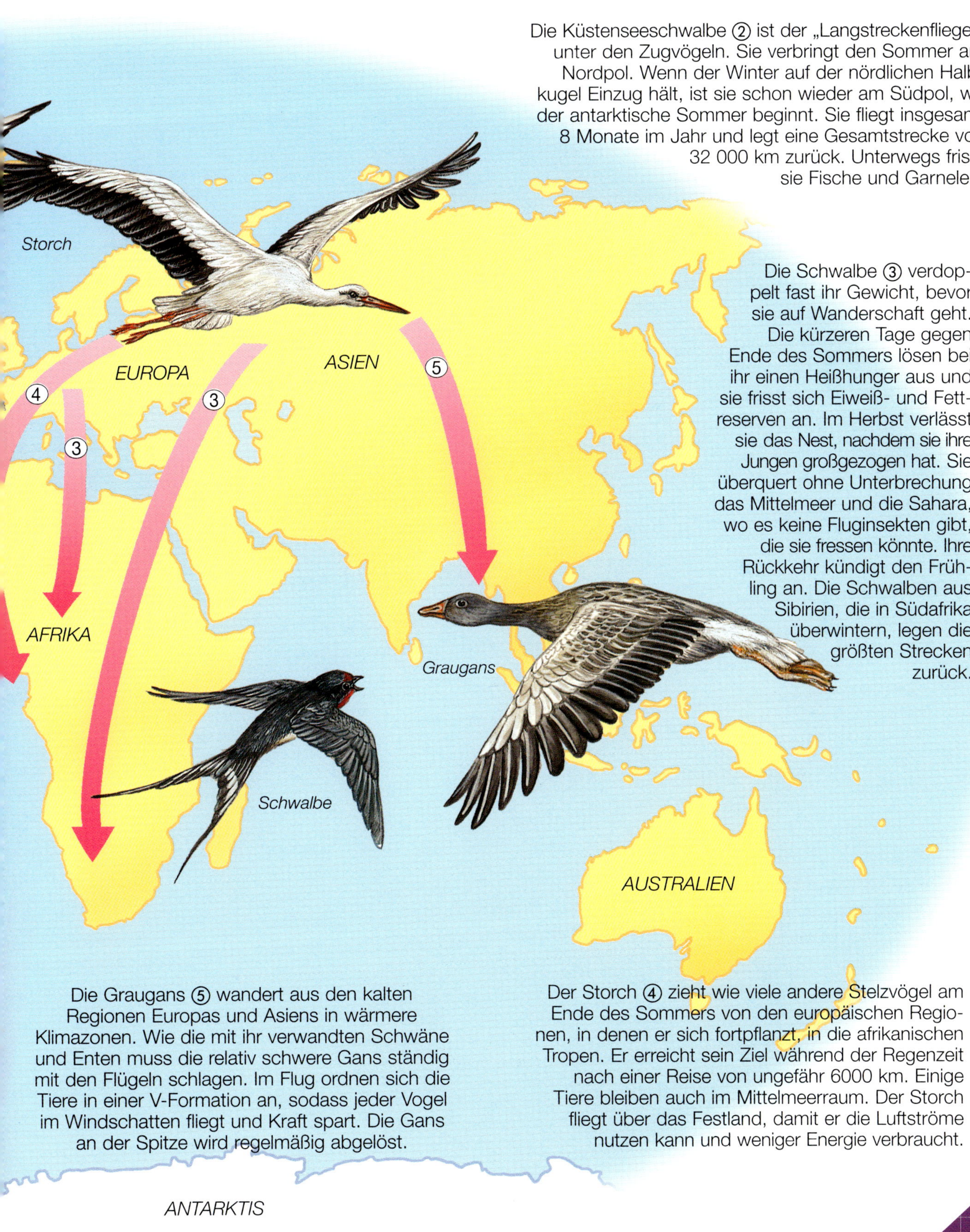

Die Graugans ⑤ wandert aus den kalten Regionen Europas und Asiens in wärmere Klimazonen. Wie die mit ihr verwandten Schwäne und Enten muss die relativ schwere Gans ständig mit den Flügeln schlagen. Im Flug ordnen sich die Tiere in einer V-Formation an, sodass jeder Vogel im Windschatten fliegt und Kraft spart. Die Gans an der Spitze wird regelmäßig abgelöst.

Der Storch ④ zieht wie viele andere Stelzvögel am Ende des Sommers von den europäischen Regionen, in denen er sich fortpflanzt, in die afrikanischen Tropen. Er erreicht sein Ziel während der Regenzeit nach einer Reise von ungefähr 6000 km. Einige Tiere bleiben auch im Mittelmeerraum. Der Storch fliegt über das Festland, damit er die Luftströme nutzen kann und weniger Energie verbraucht.

DIE REISEN DER INSEKTEN

Insekten sind klein und sehen zerbrechlich aus; dennoch unternehmen einige von ihnen lange Reisen. Am Boden oder in der Luft, einige Kilometer weit und über ganze Kontinente hinweg wandern sie auf der Suche nach Nahrung oder Wärme. Dank ihrer Facettenaugen sehen sie hervorragend. Ihr ausgezeichneter Geruchssinn hilft ihnen, sich zu orientieren. Außerdem richten sie sich nach der Sonne.

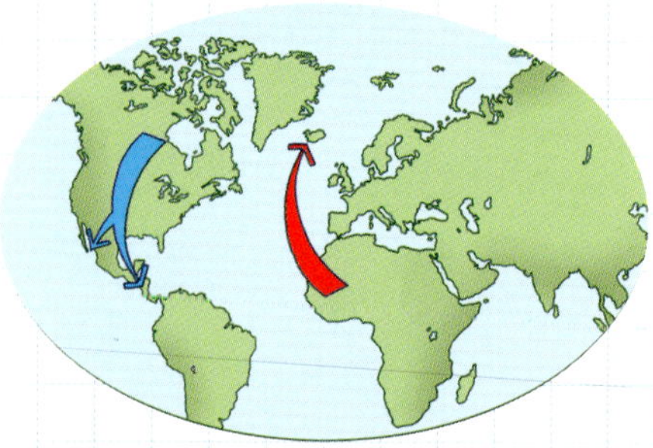

Wanderflug des Distelfalters
Wanderflug des Monarchfalters

Jedes Jahr suchen Monarchfalter und Distelfalter zur Fortpflanzung einen ganz bestimmten Ort weitab von ihrer Heimat auf. Die Erinnerung an die Landschaften wird vermutlich von einer Generation an die nächste vererbt. Vielleicht werden diese Falter auch von besonderen Magnetfeldern angezogen.

Der Monarchfalter

Den Sommer verbringt der wunderschöne Schmetterling im Gebiet der Großen Seen im Nordwesten der USA und in Südkanada. Anfang September macht er sich bei den ersten Anzeichen von Kälte auf die Reise. Er fliegt mit Rückenwind bis zu 80 km/h schnell und erreicht nach 6 bis 8 Wochen seinen 5000 km entfernten Überwinterungsplatz: die bewaldeten Berge von Michoacán im Herzen Mexikos. Der allein reisende Falter trifft dort Millionen von anderen Monarchfaltern. Ende Januar beginnt die Paarungszeit. Die meisten Männchen sterben bald danach. Die Weibchen brechen Anfang März nach Nordamerika auf und legen auf dem Weg ihre Eier auf Blüten ab. Die geschlüpften Schmetterlinge fliegen zunächst zu den Großen Seen, bevor sie später die Reise nach Süden antreten. Einige Monarchfalter folgen einer anderen Reiseroute und fliegen von den Großen Seen aus nach Kalifornien.

Der Distelfalter

Seine Flügelspannweite beträgt nur knapp 7 cm. Dennoch fliegt der kleine Schmetterling hunderte Kilometer weit von Nordafrika nach Europa, wo er sich im Frühling paart. Im Herbst unternimmt die neue Generation die Reise in entgegengesetzter Richtung zurück nach Afrika.

Gruppenreisen

Die Wanderheuschrecke

Die nordafrikanischen Wanderheuschrecken sind eine gefürchtete Plage, da sie sich immer wieder zu riesigen Schwärmen von mehreren zehntausend oder gar mehreren Millionen Tieren zusammenfinden, die alles kahl fressen. Normalerweise leben Wanderheuschrecken verstreut in Trockengebieten. Wenn die Regenfälle jedoch zu stark sind, vermehren sich die Tiere so sehr, dass sie Schwärme bilden. Tritt eine Dürreperiode ein, suchen die Wanderheuschrecken feuchtere Gebiete mit üppigerem Pflanzenwuchs auf. Auf ihrem Weg dorthin vernichten sie innerhalb weniger Sekunden die Ernten ganzer Landstriche. Ein Schwarm fliegt im Durchschnitt mit 16 km/h und kann ohne Unterbrechung 2000 km zurücklegen.

Die Wanderameise

Die Wanderameise lebt in Kolonien im tropischen Regenwald ohne festen Wohnort. Jede Nacht rücken die Ameisen zusammen, um die Königin und die Larven zu schützen. Mehrmals im Jahr bleiben sie für 3 Wochen an einem festen Platz. In dieser Zeit legt die Königin bis zu 300 000 Eier und die Larven der vorangegangenen Generation verpuppen sich. Nachdem aus den Puppen Ameisen geschlüpft sind, findet die Kolonie in der Umgebung nicht mehr genug Nahrung. Daher zieht der gesamte Staat weiter.

Der Marienkäfer

Er fliegt im Sommer auf die hoch gelegenen Wiesen, wo es noch viele junge Pflanzentriebe und Läuse gibt. Im Herbst wandert er erneut und verbringt den Winter in 1500 bis 1900 m Höhe unter einem Felsen oder in einem Baumloch. Jedes Jahr kehrt er an den gleichen Ort zurück.

WANDERUNGEN AN LAND

Bei gleicher Entfernung kostet eine Wanderung an Land mehr Kraft, als wenn sich die Tiere fliegend oder schwimmend fortbewegen. Daher sind große Standortwechsel bei Landsäugetieren eher selten. Wenn sie sich dennoch auf den Weg machen, sind die Reisen stets Aufsehen erregend: Unzählige Tiere begeben sich von einem Ort zum anderen. Einige Säugetiere ziehen lediglich regelmäßig durch ihr Revier. Der Beweggrund ist jedoch der gleiche: die Suche nach Nahrung.

Das Karibu

Die amerikanischen Rentiere verbringen den Winter in den borealen Nadelwäldern Alaskas und Kanadas. Doch im März oder April wird der Schnee zu hart und sie kommen nicht mehr an die Flechten heran, von denen sie sich ernähren. Zehntausende Weibchen (auch sie tragen Geweihe) ziehen nun Richtung Norden in die Tundra, die an den Arktischen Ozean angrenzt. Wenn sie im Mai dort ankommen, ist der Boden der Flechtenlandschaft aufgetaut. Hier bringen sie ihre Jungen zur Welt. Da Wölfe den durchweichten Boden meiden, müssen sie diese Gefahr nicht fürchten. Ab Mitte Juli wandern die Weibchen mit ihren Jungen zurück in die Wälder.

Das Gnu

In Ostafrika lebt eine seltsame Antilopenart mit dem Körper und den Hörnern einer Kuh und der Mähne und dem Schwanz eines Pferdes: das Gnu. Von Dezember bis Mai weiden 1 bis 2 Millionen Gnus in den Savannen von Tansania, wo auch die Jungen zur Welt kommen. Wenn am Ende der Trockenzeit das Gras knapp wird, geben die ältesten Weibchen das Startsignal zum Aufbruch. Sie führen die riesige Herde, die von ungefähr 200 000 Zebras und tausenden anderen Antilopen begleitet wird, 700 km weit in den Norden nach Kenia. Dort beginnt die Regenzeit früher. Das Grollen der Gewitter weist den Gnus den Weg: Sie sind die einzigen Tiere, die sich auf diese Weise orientieren können. Unterwegs fallen viele Gnus den Raubtieren zum Opfer oder werden bei der Überquerung von Wasserläufen niedergetrampelt. Im November ziehen die Pflanzenfresser wieder in den Süden. Dort ist die Savanne während der Regenzeit ergrünt.

Seit Generationen überqueren die Gnus immer dieselben Wasserläufe, und zwar an denselben Stellen.

Auf Nahrungssuche

Die Lemminge

Die in Norwegen und Schweden beheimateten Lemminge begeben sich nur etwa alle 10 Jahre auf Wanderschaft. Dann haben sich diese Nagetiere so stark vermehrt, dass sie nicht mehr genügend Nahrung finden. Tausende Tiere ziehen aus dem Landesinneren Richtung Meer. Sie überqueren Flüsse und Seen, bezwingen Berge und fressen alles Genießbare. Am Ziel angekommen, stürzen sich hunderte von ihnen in die Fluten und ertrinken. Die übrigen kehren um und pflanzen sich in der alten Heimat fort.

Gut zu Fuß

Ein ausgewachsener Elefant frisst jeden Tag 150 kg Pflanzen und braucht 150 l Wasser. Daher ziehen die Elefantenherden ständig von Wasserstelle zu Wasserstelle. Sie wandern riesige Gebiete ab, die bis zu 700 km^2 groß sein können (das entspricht einem Rechteck von 70 km mal 10 km).

Der Eisbär ist ein Einzelgänger. Er lebt auf dem Packeis und jagt Seehunde. Sie sind seine Lieblingsbeute. Im Sommer zieht er manchmal 100 km ins Landesinnere, wo er in der Tundra Eier, Lemminge und Karibukadaver frisst.

Die Pinguine aus Südamerika nisten zum Teil bis zu 100 km von der Küste entfernt. Um ihre Jungen mit Nahrung zu versorgen, legen sie den Weg zum Meer in 2 Tagen zurück.

Im Revier des Sibirischen Tigers gibt es nicht so viel Beute wie in den Dschungeln, in denen die anderen Tiger Asiens leben. Auf der Suche nach Nahrung bewältigt er bis zu 60 km pro Nacht.

Die Wolfsrudel kontrollieren ein weitläufiges Revier. Auf der Suche nach Beute legen die Wölfe etwa 100 km täglich innerhalb des Reviers zurück.

Jede Nacht trippeln die Igel durch Felder, Gärten und Wälder und suchen Würmer, Insekten oder Eier. In einer Nacht können sie bis zu 3 km zurücklegen.

WANDERUNGEN IM WASSER

Um sich fortzupflanzen, verlassen manche Wassertiere ihre angestammten Gefilde. Aale und Lachse zum Beispiel ziehen von Binnengewässern ins Meer und umgekehrt. Die Sicherung der Nachkommenschaft erfordert einen hohen Preis: Die Wanderungen sind mühsam und enden bei den Aalen mit dem Tod der Tiere. Doch nicht alle Standortwechsel im Wasser sind so spektakulär, auch wenn sie von dem gleichen geheimnisvollen Instinkt ausgelöst werden.

Die Wollhandkrabbe, die den Nordwesten Europas bevölkert, lebt in Flüssen. Im Alter von 3 bis 5 Jahren wandert sie flussabwärts bis zur Mündung, wo sie sich in salzigerem Wasser fortpflanzt. Dabei legt sie ungefähr 20 km zurück.

Der Tunfisch

Einige Tunfischarten legen in 1 Monat eine Strecke von bis zu 5000 km zurück. Von April bis Juni pflanzen sich die Blauflossentunfische, die 2,5 m lang werden können, im Mittelmeer fort. Anschließend kehren sie an die Küsten Westeuropas zurück, wo sie in den kalten Gewässern des Nordatlantiks ausreichend Nahrung finden.

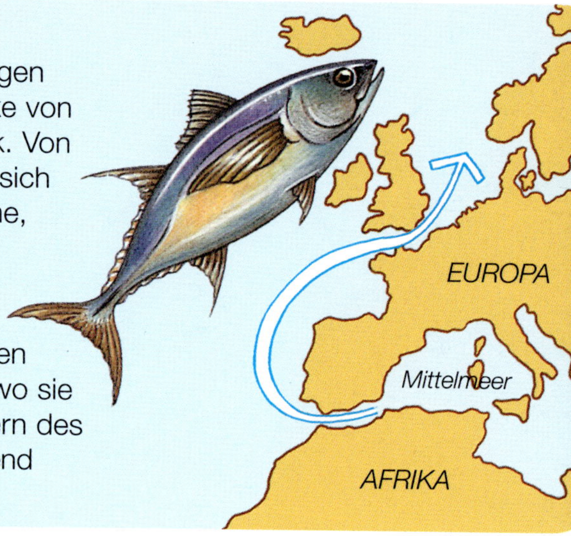

Die Bachforelle

Bachforellen wandern im Herbst stromaufwärts. In den kälteren, sauerstoffreichen Gewässern angekommen, legen die Weibchen ihre Eier ab, die dann von den Männchen befruchtet werden. Anschließend kehren die Forellen in ihren Ursprungsfluss zurück. Die Nachkommen schlüpfen vor Ort und wachsen dort heran. Später schließen sie sich den ausgewachsenen Tieren an.

Die Karibik-Langusten

Die Karibik-Langusten pflanzen sich in warmen, seichten und geschützten Gewässern fort. Den Winter verbringen sie in tieferem Wasser. 2-mal im Jahr sind sie daher Tag und Nacht unterwegs, manchmal mehrere Wochen lang. In Zügen von bis zu 60 Langusten wandern sie über den Meeresboden. Für 1 Kilometer brauchen sie eine Stunde. Räuber wehren sie mit ihren stacheligen Fühlern ab.

Laichwanderungen

Aale

Aale leben in Flüssen und Teichen, pflanzen sich aber im Meer fort. Der Aal unternimmt 1-mal im Leben eine Laichwanderung, wenn er zwischen 6 und 15 Jahre alt ist. Die Wanderung der europäischen Aale endet in der 6000 km entfernten Sargassosee vor der amerikanischen Küste. Vor der Reise färbt sich das gelbe Schuppenkleid silbern, die Augen werden größer und Nasenöffnungen und Brustflossen weiten sich.

Lachse

Lachse kommen in den Wildbächen Europas oder Nordamerikas zur Welt und gelangen mit 2 Jahren in den Nordatlantik. 4 oder 5 Jahre später kehren sie in ihr Heimatgewässer zurück. Sie erkennen es an seinem typischen Geruch. Ihre Laichgründe liegen in den Bergen. Um kleine Wasserfälle zu überwinden, müssen die Lachse manchmal bis zu 3 m hoch springen.

Nach der Eiablage kehren die Lachse in den Ozean zurück. Von den 4000 Eiern, die ein Paar hinterlässt, kehren nur 2 ausgewachsene Lachse eines Tages zur Fortpflanzung zurück: Auf der Wanderung lauern viele Gefahren.

WANDERUNGEN IM WASSER

In den Ozeanen verlaufen zahlreiche Wanderrouten, denen verschiedene Meerestiere folgen. Ihr innerer Kompass, die Sonne und die Strömungen helfen ihnen bei der Orientierung. Meeresschildkröten und Großwale ziehen zur Fortpflanzung immer in die gleichen Gebiete und legen auf ihrem Weg abertausende Kilometer zurück. Andere Meeressäuger flüchten vor der Kälte und überwintern in wärmeren Regionen.

Grauwal

20 000 km

Blauwal

16 000 km

Pelzrobbe

9000 km

Grüne Meeresschildkröte

8000 km

Die Entfernungen für Hin- und Rückweg, die jedes Jahr von den großen Wanderern der Meere bewältigt werden, machen denen der Zugvögel Konkurrenz.

Meeresschildkröten

Von allen Reptilien gehen die Meeresschildkröten als Einzige auf Wanderschaft und legen dabei große Strecken zurück. Die Lederschildkröte ist mit 1,90 m Länge die größte Schildkröte. Sie lebt unter anderem vor der französischen Küste im Golf von Gascogne, pflanzt sich jedoch auf der anderen Seite des Atlantiks in Guyana fort. Die Grünen Meeresschildkröten durchqueren ebenfalls den Ozean und wandern von der Himmelfahrtsinsel im Südatlantik bis an die 4000 km entfernte brasilianische Küste.

Am Geburtsstrand

Alle Meeresschildkröten kommen zur Eiablage an Land. Wie die Lachse legen sie die Eier an ihrem Geburtsort ab. Schildkröten pflanzen sich erst im Alter von 20 bis 30 Jahren fort. Nach all dieser Zeit können sie sich immer noch genau an ihren Geburtsstrand erinnern. Niemand weiß genau, wie sie ihn wiederfinden. Auf ihrer Wanderung orientieren sich die Meeresschildkröten wahrscheinlich an der Sonne und werden zudem von Strömungen getragen, doch in Küstennähe muss ihr Geruchssinn sie zu ihrem Strand führen.

Die Schildkröte gräbt ein tiefes Loch und legt bis zu 100 Eier hinein. Anschließend schaufelt sie mit ihren Flossen Sand auf das Gelege und kehrt ins Meer zurück.

Viele Eier werden vor dem Schlüpfen von Räubern verschlungen.

Gleich nach der Geburt laufen die Jungen ins Meer.

Von einem Ende der Welt zum anderen

Wale

Fast alle Bartenwale – sie haben Hornplatten anstelle von Zähnen – gehen auf Wanderschaft. Die großen Meeressäuger ernähren sich von Krill. Das sind winzige, garnelenartige Krebstiere. In sehr kalten Meeren gibt es bis zu 20-mal mehr Krill als in tropischen Gewässern, da sie sauerstoffreicher sind. Der Blauwal frisst bis zu 3,5 t Krill am Tag – das entspricht dem Gewicht eines Lastwagens. Im Sommer gehen die Bartenwale in den krillreichen Polarmeeren der Arktis und der Antarktis auf Nahrungssuche. Im Winter gefrieren diese Meere. Dann ziehen die Bartenwale in die wärmeren Meere der Tropen, wo sie sich paaren und ihre Jungen zur Welt bringen. In dieser Zeit leben sie von ihren Fettreserven. Im Frühling ziehen sie mit den Jungen zurück zu den Polen.

Der Grauwal wandert in kleinen Gruppen von etwa 10 Tieren zwischen dem Nordpol und der mexikanischen Pazifikküste hin und her.

Der Dugong

Der Dugong gehört zur Familie der Seekühe und ist der einzige Pflanzen fressende Meeressäuger. Er weidet die Wasserpflanzen am Meeresgrund vor den Küsten im Indischen Ozean und im Südpazifik ab. Das recht behäbige Tier geht jedes Jahr im Winter, wenn das Wasser zu sehr abkühlt, auf Wanderschaft. Die Dugongs der australischen Westküste schwimmen 160 km weit in wärmere Gewässer.

Die Pelzrobbe Alaskas

Die Pelzrobbe bewohnt den Nordpazifik zwischen Alaska und Sibirien und flieht jedes Jahr vor der Kälte und dem Eis des Winters. Die Mehrheit wandert unter der Führung erwachsener Männchen ab August bis an die 4500 km südlich gelegenen Küsten Kaliforniens. Die Mütter und ihre Jungen, die zu klein für die weite Reise sind, warten noch 4 Monate ab und wandern dann erst bis an die kalifornischen Küsten. Auch andere Flossenfüßer wie die Kegelrobbe ziehen nach Süden, d. h. vom Nordatlantik an die Küsten Westeuropas.

LERNFÄHIGKEIT DER TIERE

Lange Zeit glaubte man, dass Tiere unbewusst und aus dem Instinkt heraus handeln. Heute weiß man, dass die Jungen viel lernen, indem sie die ausgewachsenen Tiere nachahmen. Einige Tiere können sogar Neues erfinden und auf bisher unbekannte Situationen reagieren, was ein Zeichen für Lernfähigkeit ist. Die Lernfähigkeit unterscheidet sich aber von der des Menschen darin, dass Tiere Gelerntes nicht ohne Weiteres auf andere Situationen anwenden können.

Die Makaken auf der japanischen Insel Koshima lernten, wie man vor dem Fressen den Sand von den Süßkartoffeln wäscht. Ein 2-jähriges Weibchen war die Vorläuferin. Bald machten es ihr die gleichaltrigen Gefährten nach. 10 Jahre später wuschen fast alle Makaken der Gruppe ihre Kartoffeln.

Sich seiner bewusst sein

Im ersten Lebensjahr kann ein Kleinkind nicht zwischen sich und seiner Mutter unterscheiden. Danach wird es sich bewusst, dass es eine eigenständige Person ist. Fasziniert betrachtet sich das Kind im Spiegel. Ist sich auch ein Tier seiner selbst bewusst? Die Wissenschaftler versuchen mit dem „Fleckentest" eine Antwort auf diese Frage zu bekommen. Sie gewöhnen das Tier zunächst an seinen Anblick im Spiegel. Dann betäuben sie es und malen einen farbigen Fleck auf seine Stirn. Wenn das Tier nach dem Aufwachen den Fleck im Spiegel sieht und sich über die Stirn reibt, um den Fleck zu berühren, ist es sich seiner bewusst und weiß, dass es normalerweise keinen Fleck an dieser Stelle hat. Nur die am nächsten mit dem Menschen verwandten Affen wie Schimpanse, Orang-Utan und Gibbon bestanden diesen Test.

Kraken lernen schnell

Junge Tiere lernen mit neuen Situationen umzugehen, indem sie ausgewachsene Tiere beobachten und nachahmen. Doch können Tiere sich auch unbekannten Situationen anpassen? Der Krake scheint dazu in der Lage zu sein. Wenn er in einem Aquarium unter Wasser eingeschlossen wird, benötigt er 12 Minuten, um herauszufinden, wie er durch ein Loch von 8 cm Durchmesser herausschlüpfen kann, indem er seine Körperform verändert. Das zweite Mal braucht er nur noch 1½ Minuten.

Tiere sind nicht dumm!

Singstunden

Ein Buchfink singt zwar von Geburt an, doch ein elternlos aufgewachsenes Vogeljunges hat einen unmelodischen Gesang. Die Eltern bringen ihren Jungen also die Technik, die Tonfolgen und die Strophen bei, mit denen sie sich später erkennen und ein Weibchen umwerben können. Erhält das Junge Singstunden von Buchfinken aus einer anderen Region, übernimmt es deren „Dialekt"!

Schnelle Auffassungsgabe

Der Delfin hat ein größeres Gehirn als der Mensch und ist daher überaus lernfähig. Trifft er auf andere Delfine in einer Delfinshow, ahmt er binnen kürzester Zeit die Kunststückchen seiner Artgenossen nach. Einige Delfine lernten sogar, wie sie mit einem Schaber die Algen von ihrem Becken lösen können, indem sie dem Beispiel der Taucher folgten. Die amerikanische Marine dressierte Delfine und stattete sie mit Kameras aus. Sie sollten Unterwasserminen aufspüren. Dank ihres Sonars waren sie sehr erfolgreich und erwiesen sich einmal mehr als gute Helfer der Menschen.

Ein Gedächtnis wie ein Elefant

Von der Ältesten der Herde lernen die jungen Elefanten, was sie können müssen, um zu überleben. Die ehrwürdige Elefantenkuh, die bis zu 60 Jahre alt werden kann, erwarb ihr Wissen von den vorangegangenen Generationen. Sie folgt den Pfaden ihrer Vorfahren zu den Weideorten und Wasserstellen. Dank ihrer Erfahrung erkennt sie Elefanten, die der Gruppe feindlich gesonnen sind, an ihrem Trompeten.

Ein Elefant hat ein ausgezeichnetes Gedächtnis und ist in der Lage, Probleme zu lösen. Die dressierten Elefanten in Asien stellen neben ihrer Kraft auch immer wieder ihre Lernfähigkeit unter Beweis. Man brachte ihnen zum Beispiel das Malen bei. Mit einem Pinsel im Rüssel bringen sie gerade Linien, Punkte und Kurven auf das Papier. Manche Tiere können sogar einfache Formen darstellen.

HILFSMITTEL

Nicht nur der Mensch benutzt Werkzeuge, um sich die Arbeit zu erleichtern. Tiere nehmen einfache Mittel wie Zweige, Steine oder Blätter zu Hilfe, wenn sie auf Nahrungssuche gehen. Die mit dem Menschen verwandten Menschenaffen, die geschickte Hände mit einem gegenüberstellbaren Daumen und ein entwickeltes Gehirn haben, stellen sogar Werkzeug her. Nach dem Gebrauch werfen sie es allerdings weg.

Der Schimpanse benutzt Stöcke und Steine, wenn er sich gegen seinen Hauptfeind, den Leoparden, verteidigt. Auch andere Affen wie die Brüllaffen kennen die Verwendung von Waffen.

Für die Nahrungssuche

Der Meerotter ernährt sich von Muscheln und Seeigeln. Um das Fleisch zu fressen, muss er vorher die Schalen aufbrechen. Dazu legt er sich einen flachen Stein auf den Bauch und schlägt seine Beute dagegen. Manchmal löst er mit einem Stein auch Muscheln vom Felsen.

Der Spechtfink der Galapagosinseln benutzt einen Kaktusstachel, um Insektenlarven aus der Baumrinde zu holen. Er spießt die Larven mit dem Stachel auf.

Der Schmutzgeier sucht in einem Umfeld von bis zu 50 m nach einem geeigneten Stein, mit dem er ein Straußenei aufbrechen kann. Es zerbricht, wenn er den Stein darauf fallen lässt. Manchmal braucht er mehrere Versuche.

Einige Schimpansen stöbern Termiten mit einem dünnen Zweig auf, den sie in ein Luftloch des Termitenbaus stecken. Vorher wählen sie einen geeigneten Zweig aus reißen die Blätter mit dem Mund oder den Händen ab und kürzen ihn auf die gewünschte Länge. Die Schimpansen fertigen sich damit ein eigenes Hilfsmittel, was sie von den Spechtfinken auf der Galapagosinseln unterscheidet.

Sich das Leben erleichtern

Für andere Zwecke

Elefanten und Menschenaffen benutzen nicht nur für die Nahrungssuche Hilfsmittel, sondern für die unterschiedlichsten Zwecke. Dies zeigt, dass diese Tierarten äußerst lernfähig und hoch entwickelt sind. Die Elefanten verwenden große Blätter, um lästige Fliegen und Stechmücken zu verscheuchen. Sie bewegen die Blätter äußerst geschickt mit ihrem Rüssel. Auch Schimpansen kennen solche Wedel. Neben den Orang-Utans sind sie die erfindungsreichsten Tiere. Schimpansen benutzen unter anderem kleine Zweige zur Zahnpflege und Blätterbüschel zur Reinigung des Felles. Blattkissen dienen ihnen als Unterlage, um sich vor Feuchtigkeit zu schützen. Wenn sie wegen der leckeren Früchte auf die stacheligen Kapokbäume klettern wollen, basteln sich einige Schimpansen aus Rindenstücken einen Schutz. Der Orang-Utan seinerseits fertigt aus trockenem Gras Schutzhandschuhe an, wenn er die großen, stacheligen Durianfrüchte ernten will.
Bei der Überquerung eines Flusses benutzt er häufig einen Stock, um die Wassertiefe abzuschätzen. Vor Regen schützt er sich mit einem großen Palmwedel. Bei Orang-Utans und Schimpansen erlernen die Jungen die Herstellung und den Gebrauch der Werkzeuge in den ersten 6 bis 8 Jahren, die sie mit ihrer Mutter verbringen. Sie korrigiert ihre unbeholfenen Versuche.

Mit dem Blatt fächelt sich der Elefant Luft zu und verscheucht zugleich lästige Fliegen.

Der Palmwedel dient dem Orang-Utan als Regenschirm. Insgesamt kennt man 54 Hilfsmittel, die von Orang-Utans für verschiedene Zwecke verwendet werden.

SÄUGETIERE

Die ersten Säugetiere entwickelten sich vor ungefähr 180 Millionen Jahren auf der Erde. Sie bilden die letzte große Entwicklungsstufe in der Tierwelt: Die Wirbeltiere entstanden aus Fleisch fressenden Reptilien und vermehrten sich nach dem Aussterben der Dinosaurier vor 65 Millionen Jahren schnell. 4248 Arten sind bekannt. Säugetiere sind in allen Lebensräumen zu Hause. Wie die Bezeichnung schon sagt, säugen die weiblichen Säugetiere ihre Jungen mit Milch.

Auch die Menschen gehören zur großen Gruppe der Säugetiere. Die Milchdrüsen der Frau sind typische Merkmale. Der Mensch entwickelte sich aus einer Gruppe von Primaten.

Schützende Haut

Die Haut der Säugetiere besteht aus 3 Schichten, von denen die äußere Schicht die Schutzschicht bildet. Diese so genannte Oberhaut ist häufig von Haaren bedeckt. Tiere wie Elefanten und Flusspferde haben nur wenige lange, harte Haare. Die Oberhaut der Schuppentiere und Gürteltiere ist sehr hart. Sie besteht aus Schuppen oder Platten, die einen schützenden Panzer bilden.

Warmblütige Tiere

Säugetiere sind Warmblüter. Ihre Körpertemperatur schwankt nur in geringem Maß und kann gegebenenfalls geregelt werden. Frieren sie, erweitern sich zum Beispiel die Blutgefäße oder die Haare richten sich auf, sodass eine schützende Luftschicht im Fell eingeschlossen wird. Dadurch wärmen sie sich auf. Zur Abkühlung hecheln oder schwitzen sie, je nach Art. Die Lebensweise der Säugetiere ist von äußeren Temperaturschwankungen relativ unabhängig. Im Winter halten einige Säugetiere Winterschlaf, denn sie würden auf Nahrungssuche zu viel Energie verbrauchen. Aufgrund ihrer Fähigkeit, die Körpertemperatur zu regulieren, konnten sich die Säugetiere über den ganzen Planeten verbreiten. Sie passten ihre Ernährung den verfügbaren Nahrungsquellen und der Umgebung an. Säugetiere findet man an den Polen, in trockenen Wüsten, auf Bäumen, im Wasser und in der Luft.

Fledermäuse sind allerdings die einzigen Säugetiere, die fliegen können. Mit 977 Arten sind sie nach den Nagetieren die artenreichste Familie.

Eine hoch entwickelte Fortpflanzungsweise

Säugetiere pflanzen sich durch innere Befruchtung fort. Die meisten sind lebend gebärende Tiere, die fertig ausgebildete Junge zur Welt bringen. Das Schnabeltier und der australische Ameisenigel bilden eine Ausnahme, denn diese primitiven Säugetiere legen Eier. Bei den Beuteltieren wie den Kängurus ist die Tragezeit sehr kurz. Die Jungen entwickeln sich in der Beuteltasche ihrer Mutter weiter. Alle anderen Säugetiere wachsen vollständig in der Gebärmutter des Weibchens heran und werden über die Plazenta mit Sauerstoff und Nahrung versorgt. Sind die Jungen geboren, fördert das Trinken bei der Mutter Entwicklung und Wachstum. Die Muttermilch ist reich an Eiweiß, Fett und Abwehrstoffen und deshalb sehr nahrhaft.

Eine komplexe Sprache

Da die Jungen gesäugt werden, bleiben sie lange bei ihrer Mutter und erlernen die Überlebensregeln im Spiel oder durch Nachahmung. Duftstoffe, Haltung, Mimik und eine komplexe Lautsprache dienen der Verständigung der als Einzelgänger oder in Gruppen lebenden Säugetiere. Die am höchsten entwickelten Tiere weisen eine enorme Lernfähigkeit auf, die uns immer wieder überrascht.

LEBENSERWARTUNG IN JAHREN

70
Elefant

45
Schimpanse

35
Gorilla - Braunbär

25
Giraffe - Eisbär - Pferd

15
Koala - Känguru - Wolf - Löwe

10
Igel - Eichhörnchen

5
Fledermaus

2
Maulwurf - Spitzmaus - Hase - Kaninchen

AFFEN

Von allen Säugetieren haben die Affen das am höchsten entwickelte Gehirn. Dadurch sind sie in der Lage, sich äußerst schnell an verschiedene Situationen anzupassen. Die große Familie der Affen, zu der auch der Mensch gehört, hat nach vorn gerichtete Augen. Diese Stellung ermöglicht ein räumliches Sehen (in Farbe!). Ihre geschickten Hände sind ein weiteres Merkmal der Affen.

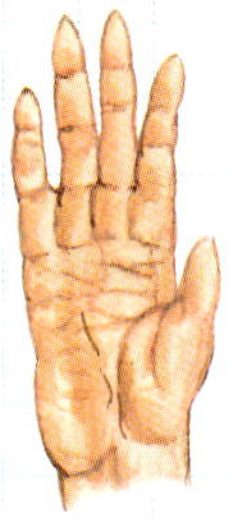

Hand eines Schimpansen

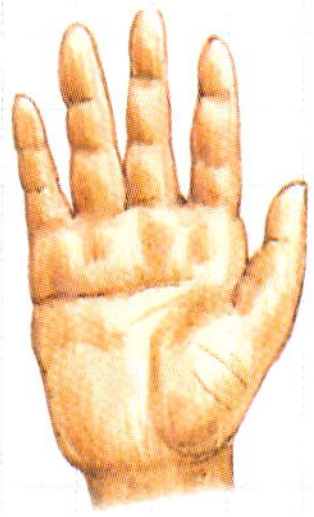

Hand eines Menschen

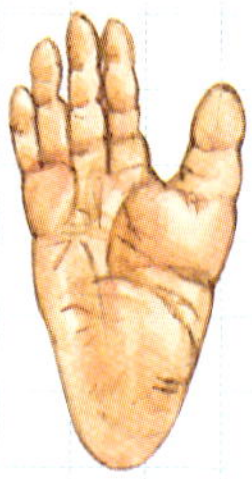

Fuß eines Schimpansen

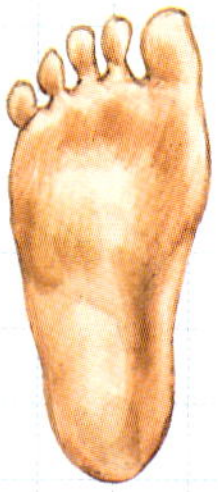

Fuß eines Menschen

Affen und Menschen haben Hände und Füße mit je 5 Fingern oder Zehen. Der bewegliche Daumen kann den anderen Fingern gegenübergestellt werden. Dadurch können mit der Hand Dinge und auch Werkzeuge gehalten werden.

Klammeraffe

Löwenaffe

Affen mit Schwanz

Die meisten Affen haben einen Schwanz, der häufig länger als der Körper ist. Einige Affen wie der Klammeraffe besitzen einen Greifschwanz, den sie um die Äste schlingen und mit dem sie sich festhalten können. Er übernimmt die Funktion einer fünften Gliedmaße.

Die Krallenaffen sind die kleinsten Affen; sie halten mit ihrem Schwanz das Gleichgewicht. Die Affen Südamerikas wie der Löwenaffe leben in den Bäumen des tropischen Regenwalds: Sie klettern nur selten herunter. Die Affen auf den anderen Kontinenten verbringen dagegen viel Zeit am Boden. Der Pavian und der mit ihm verwandte Mandrill bewegen sich 4-füßig fort. Zum Ausruhen setzen sie sich hin. Auch diese Körperhaltung ist ein besonderes Merkmal der Affen.

Krallenaffe

Pavian

Mandrill

Die nächsten Verwandten des Menschen

Orang-Utan

Gibbon (Siamang)

Menschenaffen

Von allen Affen sind der Gorilla und der Schimpanse am nächsten mit uns verwandt. Zusammen mit den Gibbons und den Orang-Utans gehören sie der Gruppe der Menschenaffen an, deren Aussehen dem des Menschen am meisten ähnelt. Sie haben keinen Schwanz und sind groß: Der Gorilla kann 2 m groß und 250 kg schwer werden. In den Bäumen hangeln sie sich an ihren Armen von Ast zu Ast. Die Arme sind länger als die Beine. Am Boden bewegen sie sich aufrecht auf 2 Beinen fort, wenn sie Vorräte oder ihre Jungen tragen. Nur der Gorilla bleibt stets auf 4 Beinen. Alle Affenmütter säugen ihre Jungen 3 oder 4 Jahre lang. Die Gibbonweibchen ziehen sie bis zu 5 Jahre lang groß, die Orang-Utans bis zu 6 oder 8 Jahre. In dieser Zeit lernen die Jungen ausgefeilte Techniken zur Nahrungssuche, vor allem die Herstellung und den Gebrauch von Hilfsmitteln.

Schimpanse

Gorillas

MEERESSÄUGER

Wie alle Säugetiere besitzen Flossenfüßer, Wale und Seekühe Zitzen und haben eine konstante Körpertemperatur. Doch seitdem ihre an Land lebenden Vorfahren vor etwa 26 Millionen Jahren ins Wasser zurückkehrten, hat sich der Körper dieser Meeressäuger grundlegend verändert. Er wurde länger, damit er besser durch das Wasser gleiten kann, und die Beine wurden kürzer und verwandelten sich in Flossen.

Zur Familie der Seekühe oder Sirenen gehören 3 Arten von Seekühen und der Dugong. Diese Tiere leben in warmen Küstengewässern oder in Mündungsgebieten. Sie weiden Wasserpflanzen ab und paddeln langsam mit ihren Vorderflossen. Sie können ungefähr 20 Minuten unter Wasser bleiben.

Flossenfüßer

Man zählt 34 Arten von Seehunden, Robben und Walrossen. Die Flossenfüßer ernähren sich von Fischen und Tintenfischen, Kalmaren und Kraken. Einige Arten haben ihr Fell behalten. Die ausgezeichneten Schwimmer kommen immer wieder an Land, um sich aufzuwärmen und um ihre Jungen zur Welt zu bringen. Sie leben in Kolonien von mehreren tausend Tieren. Die Seehunde leben überwiegend in den Polarregionen der Arktis und der Antarktis. Die Ohrenrobben, die meist auf der Südhalbkugel leben, unterscheiden sich von den Hundsrobben durch ihr äußerlich sichtbares Ohr. Außerdem können sie ihre Flossen zum Watscheln an Land abwinkeln. Das mit dem Seehund verwandte Walross ist um einiges größer (ein Männchen ist bis zu 3,60 m groß und 2 t schwer) und besitzt zwei Hauer, die bis zu 1 m lang werden können. Mit seinen Hauern durchwühlt es den Meeresgrund auf der Suche nach Würmern, Krebsen, Muscheln und langsamen Fischen, die es in sein Maul einsaugt. Die Männchen kämpfen mit ihren Hauern um die Eroberung eines Harems, also um eine Anzahl Weibchen.

An ein Leben im Wasser angepasst

Wale

Alle 83 Walarten verlassen nie das Wasser. Dank ihrer waagerechten Schwanzflosse sind sie hervorragende Schwimmer. Sie haben umgewandelte Nasenöffnungen, so genannte Blaslöcher, durch die sie die feuchte Luft aus ihren Lungen blasen. Man unterscheidet Bartenwale und Zahnwale.

Gemeiner Delfin

Delfine sind die zahlreichsten Zahnwale, also Fisch fressende Wale. Sie bewohnen alle Ozeane und einige Flüsse.

Schwertwal

Der männliche Narwal hat nur einen Zahn, der spiralförmig wächst und bis zu 3 m lang wird. Narwale leben in großen Verbänden in den Gewässern der Arktis.

Narwal

Der Schwertwal oder Orca ist ein Zahnwal und wiegt bis zu 10 t. Er ist ein gefährlicher Räuber und greift andere Meeressäuger wie Robben, aber auch Weißhaie an.

Blauwal

Pottwal

Der Blauwal ist das größte Tier der Erde. Der größte Fleischfresser der Erde ist der Pottwal. Der Blauwal filtert mit seinen kammartigen Barten das Wasser und ernährt sich von den winzigen Krebstieren des Planktons.

Der Pottwal besitzt 50 kegelförmige Zahnpaare mit runden Spitzen und macht Jagd auf Riesenkalmare.

LEBENSERWARTUNG IN JAHREN

95
Schwertwal
Buckelwal

70
Pottwal
Blauwal
Meeresdelfin

60
Dugong
Seehund

50
Grauwal

40
Seekuh
Beluga
Narwal
Walross

30
Ohrenrobbe

VÖGEL

Vögel sind wie Säugetiere Wirbeltiere mit konstanter Körpertemperatur. Wie bei den Reptilien werden ihre Eier im Körperinnern befruchtet. Die 9000 Vogelarten haben als entfernten Vorfahren übrigens ein fliegendes Reptil, dessen Schuppen sich im Laufe der Evolution in Federn verwandelten und dessen Vorderbeine zu Flügeln wurden. Der ganze Körper ist auf das Fliegen ausgerichtet. Fliegend besiedelten die Vögel sämtliche Lebensräume.

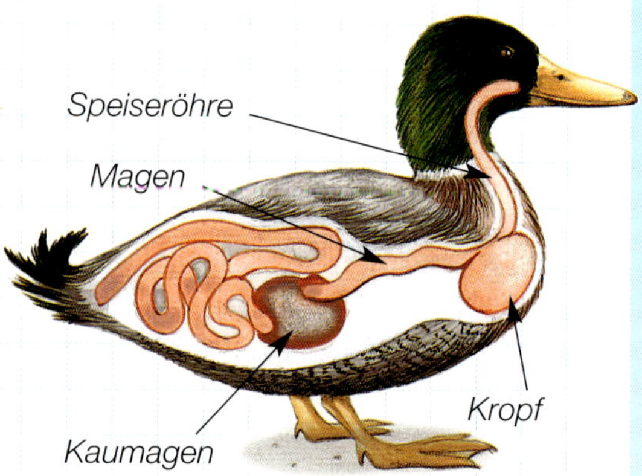

Da sie keine Zähne haben, verschlucken die Vögel ihre Nahrung unzerkaut. Sie lagern sie in der Speiseröhre oder im Kropf. Die im vorderen Teil des Magens vorverdaute Nahrung wird im Kaumagen mithilfe von kleinen Steinchen, die die Vögel schlucken, zerkleinert und verdaut.

Leichter Körperbau

Damit die Vögel die Herren der Lüfte werden konnten, mussten sie möglichst leicht sein. Der Schnabel ohne Zähne spart Gewicht und die Federn sind leichter als die Pelze der Säugetiere. Die Knochen der Vögel sind hohl und ihre Beine meist zierlich.

Kräftige Flügel

Vögel könnten ohne ihre Flügel nicht fliegen. Sie werden von hoch entwickelten Muskeln in der Brust bewegt. Die Flugmuskulatur entspringt einem Knochensteg, dem so genannten Brustbeinkamm. Große Laufvögel wie der Strauß haben keinen Brustbeinkamm. Das Fliegen kostet viel Kraft, daher fressen die Vögel im Verhältnis zu ihrem Gewicht recht viel und haben ein großes, schnell schlagendes Herz.

Vogelbeine

Einige am Boden lebende Vögel haben sich dem Gehen oder Laufen angepasst. Sie besitzen starke Beine und kurze Flügel. Die Hühnervögel zum Beispiel fliegen nur wenig. Die Vögel aus der Familie der Strauße sind flugunfähig und haben nur 2 oder 3 statt 4 Zehen, damit sie besser laufen können. Kletterer wie der Papagei haben 2 nach vorn zeigende Zehen und 2 Zehen, die nach hinten gerichtet sind. Greifvögel ergreifen ihre Beute mit Klauen. Wasservögel besitzen Schwimmhäute zum Rudern im Wasser. Nur die Pinguine schlagen beim Schwimmen mit den zu Flossen umgewandelten Flügeln.

Die Füße

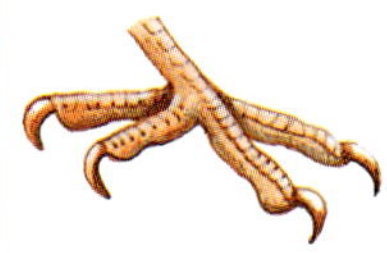
Klettervogel

Greifvogel

Wasservogel (Schwimmhäute)

Die Herren der Lüfte

Die Federn

Federn bestehen wie der Schnabel aus Horn, einem leichten und widerstandsfähigen Material. Sie schützen vor Hitze und Kälte und ermöglichen das Fliegen. Die Äste der Fahne sind untereinander mit Häkchen verbunden und entspringen dem Schaft in der Mitte (siehe Abbildungen 1-3). Die Daunen ①, die den Körper vor Kälte schützen, haben einen kurzen und weichen Schaft. Über den Daunen liegen die Konturfedern ②, die den Körper gut durch die Luft gleiten lassen. Mit den Schwungfedern ③ der Flügel und den Steuerfedern ④ am Schwanz fliegt und steuert der Vogel. Sie haben breitere Fahnen. Die Vögel pflegen ihre Federn und streichen sie mit dem Schnabel glatt. Federn nutzen sich mit der Zeit ab und werden 1- bis 2-mal im Jahr ersetzt.

Flamingo

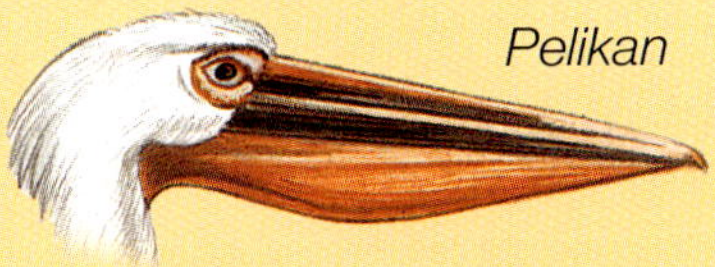
Pelikan

Specht

Der Schnabel

Die Schnabelform hängt von der Ernährung des Vogels ab. Der gebogene Schnabel des Flamingos filtert Wasser. Der Reiher spießt Fische auf. Der Pelikan geht mit seinem sackartigen Schnabel auf Fischfang. Mit seinem kleinen spitzen Schnabel pickt der Sperling Körner auf. Der Papagei knackt hartschalige Früchte. Der Kuckuck jagt Insekten. Mit spitzem Schnabel bohrt der Specht Löcher in den Baumstamm. Der hakenförmige Schnabel eines Greifvogels zerteilt die Beute. Der Kolibri saugt mit seinem langen Schnabel Blütennektar auf.

Papagei

Sperling

Greifvogel

Kuckuck

Kolibri

Reiher

LEBENSERWARTUNG IN JAHREN

60
Andenkondor
Blauara

50
Papagei

40
Strauß

30
Albatros

20
Pelikan
Nandu
Gans
Schwan

15
Fischadler

10
Emu

5
Kolibri

TIERGRUPPEN
REPTILIEN

Die Reptilien entwickelten sich vor rund 140 Millionen Jahren. Sie waren die ersten Wirbeltiere, die sich außerhalb des Wassers fortpflanzen konnten. Einige Reptilien legen Eier, die nicht austrocknen, andere brüten sie im Körper aus. Reptilien legen niemals weite Strecken an Land zurück, da ihre Beine (sofern sie welche haben) das Körpergewicht nicht tragen können. Die Tiere sind wechselwarm. Ihre Beweglichkeit ist von der Außentemperatur abhängig.

Die Hornschuppen verhindern, dass Wasser aus dem Körper verdunstet, und schützen das Tier vor Verletzungen und Parasiten. Sie können glatt oder rau und von unterschiedlicher Größe und Anordnung sein. Hornschuppen sind fest miteinander verbunden. Die Reptilien erneuern sie durch Häutung.

Schildkröten

Ihr Körper wird von einem Panzer aus Horn geschützt. Die Tiere können den Kopf, die Beine und manchmal auch den Schwanz einziehen. Die Dosenschildkröte (oben) kann ihren Körper komplett unter dem Panzer verstecken. Der Panzer wächst mit dem Tier mit. Die Schuppen, die ihn bedecken, erneuern sich regelmäßig. Landschildkröten haben einen relativ runden Panzer – zum Teil mit Höckern, der sie gut vor Raubtieren schützt – und kurze Beine mit Krallen. Der Panzer der Wasserschildkröten ist glatt, damit er besser durch das Wasser gleitet. Sie besitzen Schwimmhäute oder flossenförmige Beine. Schildkröten haben keine Zähne, sondern einen harten Hornschnabel. Mit ihm reißen sie Blätter und Algen ab. Einige Schildkröten fressen Insekten; Wasserschildkröten fressen Weichtiere, Krebse und Fische.

Krokodile

Man unterscheidet 3 Familien von Krokodilen: Krokodile, Alligatoren und Gaviale (große Krokodile mit einem langen, schmalen Maul). Mit einer Länge von bis zu 7 m gehören Krokodile wie das Leistenkrokodil und der Gavial zu den größten Reptilien überhaupt. Der Gavial, der in den Flüssen Indiens lebt, frisst nur Fisch, während die anderen Krokodile alle Arten von Tieren erbeuten. Sie sind an ein Leben im Wasser angepasst, wo sie viel Zeit verbringen. Alle Krokodile müssen jedoch am Ufer in der Sonne neue Energie tanken, die sie auf der Jagd brauchen.

Das Krokodil lagert seine Beute häufig am Grund.

Schuppen schützen den Körper

Echsen

Echsen gibt es überall auf der Welt. Mit Ausnahme der auf den Galapagosinseln vorkommenden Meerechse leben alle Echsen an Land und fressen Insekten und Würmer. Die meisten haben 4 Beine mit Krallen, doch einige haben nur 2 und die Blindschleiche hat gar keine Beine. Geckos können dank Saugnäpfen an den Zehen sogar an der Decke von Gebäuden laufen.

Chamäleons leben überwiegend in den Bäumen. Mit ihrem Greifschwanz können sie sich gut an den Ästen festhalten. Wie die Leguane wechseln sie ihre Farbe zur Tarnung, zur Regulierung der Temperatur oder zur Verständigung.

LEBENSERWARTUNG IN JAHREN

200
Strahlenschildkröte Madagaskars

90
Griechische Landschildkröte

60
Blindschleiche - Alligator

35
Mohren-Kaiman - Python - Anakonda - Boa constrictor

20
Ringelnatter

10
Hornviper - Grüner Leguan

4
Chamäleon

Schlangen

Keine der 3000 Schlangenarten hat Beine. Bei den Pythons lassen sich noch Reste einstiger Hinterbeine feststellen, sie sind aber winzig und völlig nutzlos. Schlangen sehen und hören sehr schlecht. Dennoch sind sie gefährliche Jäger. Mit kleinen Knöchelchen in ihrem Kopf nehmen sie Schwingungen und sehr hohe Töne wahr, die von ihren Opfern ausgesandt werden.

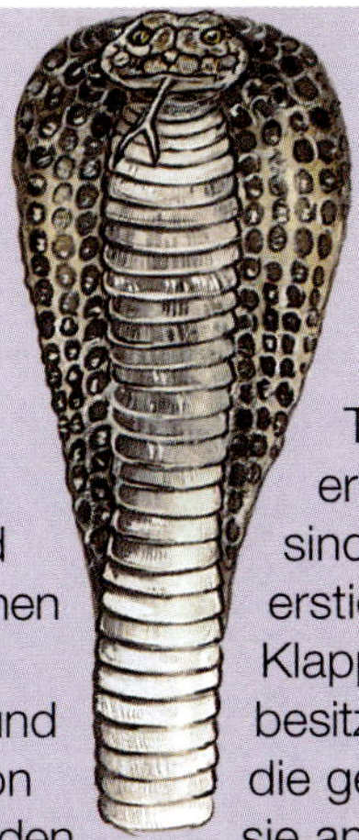

Schlangen haben einen hoch entwickelten Geruchssinn und einige Boas, Pythons und Vipern können die Anwesenheit eines Tieres an unmerklichen Temperaturschwankungen erkennen. Pythons und Boas sind Würgeschlangen und ersticken ihre Beute. Kobras, Klapperschlangen und Vipern besitzen Giftdrüsen. Kobras sind die gefährlichsten Schlangen. Wenn sie angreifen, entfalten sie seitlich vom Kopf einen Hautfächer. Nattern wie die Ringelnatter sind ungiftig. Schlangen sind in der Lage, den Kiefer auszuhaken und das Maul sehr weit aufzureißen: So können sie eine Beute verschlingen, die viel größer ist als sie.

AMPHIBIEN

Zur Gruppe der Amphibien, auch Lurche genannt, gehören Frösche, Kröten, Molche und Salamander. Fast alle legen ihre Eier im Wasser ab und beginnen ihr Leben als Kaulquappen. Die meisten leben später an Land in feuchter Umgebung. Sie müssen ihre glatte und wasserdurchlässige Haut immer feucht halten, sonst sterben sie.

Die vor 370 Millionen Jahren entstandenen Amphibien waren die ersten Wirbeltiere, die das Festland besiedelten. Sie stammen vom Ichthyostega (siehe oben) ab. Im Lauf der Evolution waren seine Flossen zu Beinen und seine Kiemen zu Lungen geworden.

Schwanzlurche

①

Zu ihnen gehören Salamander ① und Molche ②, die vor allem auf der Nordhalbkugel zu finden sind. Diese Amphibien sind am nächsten mit den Fischen verwandt, ihren Vorfahren. Ihr Schwanz ist – anders als bei Fröschen und Kröten – nicht zurückgebildet. Einige Salamander, die ihr ganzes Leben im Wasser verbringen, haben Kiemen, also die gleichen Atmungsorgane wie Fische und Kaulquappen.

Andere Amphibien besitzen weder Lunge noch Kiemen und atmen nur über die Haut und das Maul. Dann wieder gibt es Salamander, die an Land in Wiesen und Wäldern leben und nie zum Wasser zurückkehren, auch nicht zur Fortpflanzung. Molche dagegen legen ihre Eier nur im Wasser ab. Alle Schwanzlurche sind Fleischfresser – bereits als Kaulquappen. Im Gegensatz zu Froschlurchen pflanzen sie sich im Allgemeinen durch innere Befruchtung fort.

②

Die Axolotls ③ leben ausschließlich im Wasser. Sie atmen sowohl mit Lungen als auch mit Kiemenbüscheln, die seitlich am Kopf sitzen. Wenn die Tümpel austrocknen, schließen sie sich in einen Kokon aus getrocknetem Schlamm ein. Sie zehren von ihren Fettreserven, die sie sich mit Schnecken, Insektenlarven und kleinen Fischen angefressen haben.

③

Die meisten Amphibien kehren zur Fortpflanzung an ihren Geburtsort zurück. Damit sie auf ihrem Weg nicht von Autos überfahren werden, baute man an manchen Stellen Tunnel für Frösche und Kröten.

Trockenheit bedeutet Tod

Froschlurche

9 von 10 Amphibien sind Frösche, Laubfrösche oder Kröten. Sie bilden die Gruppe der Froschlurche. Sie sind alle Fleischfresser. Die meisten fressen Insekten, doch einige Arten bevorzugen Mäuse, Vögel oder Schlangen. Kröten erkennt man an ihrer rauen, trockenen Haut, die mit Warzen überzogen ist. Die Warzen sind eigentlich Giftdrüsen, mit denen auch die tropischen Frösche mit glatter, feuchter und bunter Haut ausgestattet sind. Kröten leben überwiegend am Boden, wo sie sich watschelnd fortbewegen. Laubfrösche fühlen sich auch in den Bäumen wohl. Sie haben Haftscheiben an den Fingern, damit sie besser klettern können.

Viele Froschlurche (allen voran die Frösche, die relativ viel Zeit im Wasser verbringen) haben zum Schwimmen Spannhäute zwischen den Fingern.

Der Kokoi-Frosch ist ein kleiner, 5 cm langer Frosch, der giftiger als alle anderen Amphibien ist. 1 Gramm seines Gifts kann viele Menschen töten. Die Indianer Kolumbiens bestreichen für die Jagd ihre Pfeilspitzen mit diesem Gift.

LEBENSERWARTUNG IN JAHREN

55
Riesensalamander

40
Gemeine Kröte

30
Japanischer Feuerbauchmolch - Kammmolch

25
Feuersalamander
Laubfrosch
Kreuzkröte

10
Fadenmolch
Goldbaumsteiger

Die größte Amphibie ist der Chinesische Riesensalamander. Er ist im Durchschnitt 1,10 m lang und wiegt 25 kg, kann aber auch 1,80 m lang und 65 kg schwer werden! Er lebt in schnellen, sauerstoffreichen Wasserläufen, da er den Sauerstoff über die Haut aufnimmt. Er hat weder Lungen noch Kiemen. Dieser Salamander kann 50 Jahre alt werden.

FISCHE

Die ersten Fische entwickelten sich vor ungefähr 480 Millionen Jahren in den Ozeanen. Sie waren auch die ersten Wirbeltiere. 9 von 10 Fischen sind Knochenfische mit einem Skelett aus feinen Knochen (Gräten) und einer meist schuppigen Haut. Mit einigen Ausnahmen atmen sie alle mit Kiemen. Die meisten Fische besitzen eine Schwimmblase. Sie bewirkt, dass die Fische im Wasser schweben können. Die Schwimmblase kann sich zum Auf- oder Abtauchen des Fisches mit Gas füllen oder leeren.

①

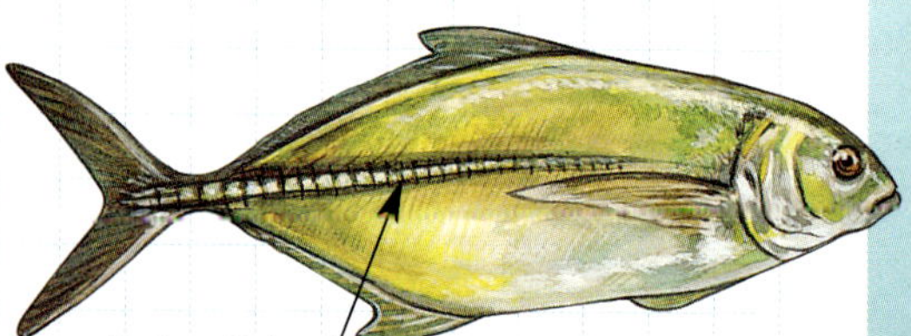

Zur Orientierung, Verständigung und zum Aufspüren von Beute oder Räubern verlassen sich die Fische auf das Gehör, nicht auf die Augen. Töne können über die Schwimmblase verstärkt werden. Fische besitzen außerdem ein besonderes Organ: die Seitenlinie, die an den Flanken entlangläuft. Dieses Organ nimmt Schwingungen wahr, die von Bewegungen im Wasser ausgelöst werden.

Lungenfische

Der Afrikanische und der Indonesische Quastenflosser ① und der Australische oder Afrikanische Lungenfisch ② unterscheiden sich von anderen Fischen durch ihre fleischigen Flossen, mit denen sie sich über den Meeresgrund bewegen. Sie könnten die Vorfahren der ersten Vierbeiner an Land sein. Diese Vermutung wird durch das Vorhandensein von Lungen bestärkt, mit denen sie im Gegensatz zu anderen Fischen auch außerhalb des Wassers überleben können.

②

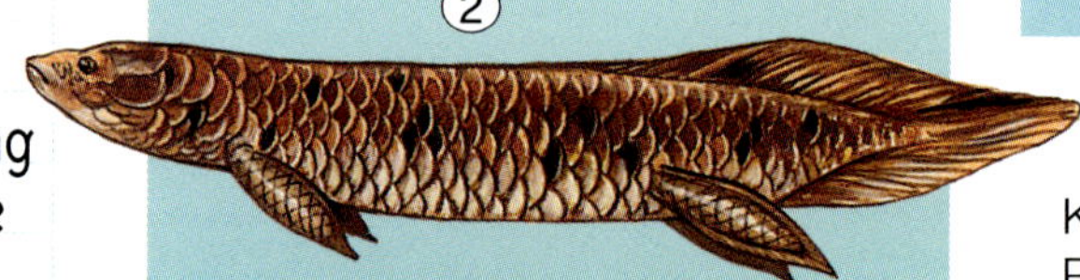

Primitiver Fisch

Der Stör ③ ist ein europäischer Fisch. Er hat noch heute das Skelett der allerersten Fische, das zum Teil aus Knochen, zum Teil aus weicherem Knorpel besteht. Sein Körper ist mit Knochenplatten statt mit Schuppen bedeckt.

③

Karpfen und Verwandte

Karpfen und Katzenwelse leben im Süßwasser. Die Fische dieser Gruppe haben Barteln am Maul. Das sind bartähnliche Fäden, mit denen sie ihre Nahrung aufspüren Die meisten dieser Fische haben keine Schuppen.

Lachse und Verwandte

Die Fische mit dem schlanken, spindelförmigen Körper sind ausdauernde Schwimmer und gefährliche Jäger mit langen, spitzen Zähnen. Der Hecht wird bis zu 1,80 m lang. Er verschlingt Fische die halb so groß sind wie er.

Heringe und Verwandte

Heringe, Sardinen und Sardellen leben in gemäßigten und kalten Gewässern in Bänken von mehreren tausend Fischen. Sie haben große, silberfarbene Schuppen und ernähren sich fast alle von tierischem Plankton.

Strahlenflosser

Jeder zweite Fisch hat harte Knochenstrahlen an der ersten Rückenflosse oder dahinter, die die Flosse stützen und auch zur Abwehr dienen. Zur Gruppe der Strahlenflosser gehören die schnellsten Schwimmer: Tunfisch und Schwertfisch.

Aale und Muränen

Ihre durchsichtigen Larven treiben jahrelang im Meer, bevor sie sich in ausgewachsene Tiere mit einem schlangenartigen Körper verwandeln. Sie leben im Meer und im Süßwasser und verstecken sich am Tag.

Zwei Drittel der Fische leben im Meer

Das Maul der Karpfen stülpt sich nach vorne. So können sie die Pflanzenreste, Larven und Würmer auf dem Grund einsaugen.

Hecht und Forelle verbringen ihr ganzes Leben im Süßwasser.

Der Lachs kommt im Süßwasser zur Welt und pflanzt sich dort fort, doch die meiste Zeit lebt er im Meer.

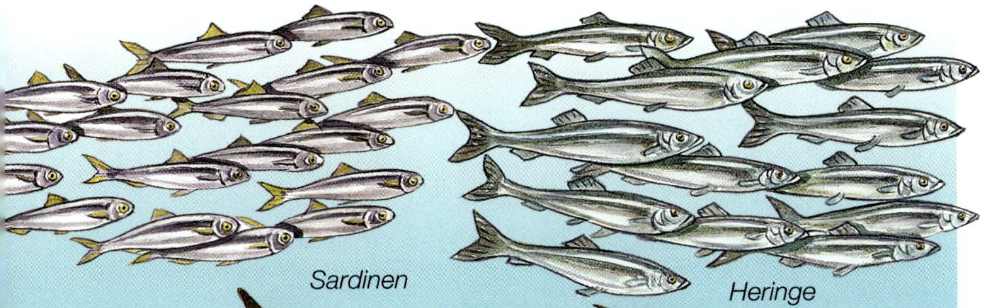

Das „Schwert" des Schwertfischs wird 1,60 m lang.

Die weiblichen Aale können über 1 m lang werden.

LEBENSERWARTUNG IN JAHREN

100
Stör

88
Aal

50
Hecht

30
Zackenbarsch
Muräne

25
Dorsch - Hering - Piranha - Stechrochen

20
Meerforelle

15
Barsch

10
Scholle
Rotlachs

5
Stichling

1
Seepferdchen

HAIE UND ROCHEN

Das Skelett der Haie und der mit ihnen verwandten Rochen besteht vollständig aus Knorpel und ist weicher als das Knochenskelett der anderen Fische. Die Schuppen auf der Haut der Haie sehen aus wie spitze Zähnchen; die Haut ist rau wie Schleifpapier. Da diese Fische keine Schwimmblase haben, schwimmen sie oft am Grund. Ihre ölhaltige Leber gibt ihnen Auftrieb. Hochseehaie und Hochseerochen müssen dagegen ununterbrochen Schwimmbewegungen machen.

Mit ihrem flachen Körper und den flügelartigen Flossen können die Rochen gut am Meeresgrund schwimmen und sich dort verstecken. Sie atmen über Atemöffnungen, die hinter den Augen sitzen. Die meisten Rochen haben keine Schuppen. Einige Arten besitzen Giftstacheln am Schwanz.

Fleischfresser

Alle 250 Haiarten leben in den Gewässern der gemäßigten und tropischen Regionen. Die einzige Ausnahme bildet der Eishai, der im Nordpolarmeer lebt. Die 3 größten Haie, darunter der Walhai, sind Planktonfresser und haben ein zurückgebildetes Gebiss. Einige Haie ernähren sich von Resten toter Tiere am Meeresgrund. Alle anderen sind Jäger. Die Haie, die in Küstenregionen am Meeresgrund jagen, wie der Ammenhai und der Bambushai, ernähren sich überwiegend von Wirbellosen, Krebstieren und kleinen Fischen. Die aktiv schwimmenden Haie wie der Weißhai, der Hammerhai oder der Krokodilhai verschlingen Kalmare oder Fische und greifen auch Säugetiere, Meeresreptilien und sogar andere Haie an.

Haizähne

Haie haben mehrere Reihen spitzer Zähne, die wie die Zähne einer Säge angeordnet sind. Sobald ein Zahn abgenutzt ist oder ausfällt, schiebt sich ein anderer Zahn vor und nimmt seinen Platz ein.

Im Gegensatz zu den Knochenfischen haben Haie recht steife Flossen. Der Schwanz sorgt für Antrieb, mit den anderen Flossen wird gesteuert und das Gleichgewicht gehalten.

Der Walhai ist der größte Fisch.

Knorpelfische

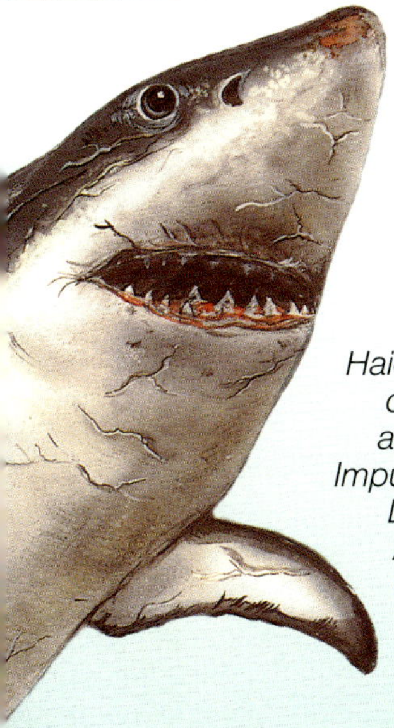

Haie besitzen Sinnesorgane, die von anderen Tieren ausgesandte elektrische Impulse wahrnehmen können. Das hilft dem Hai beim Aufspüren der Beute. Diese Organe namens Lorenzinische Ampullen sitzen am Kopf.

Der 6 bis 8 m lange Weißhai ernährt sich u. a. von Robben, jagt also in Küstennähe. Es kommt vor, dass er auch Menschen angreift. Diese Angriffe sind jedoch selten.

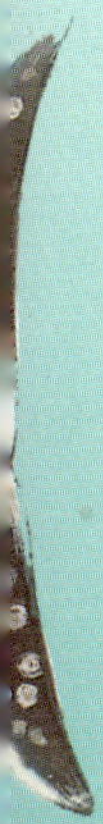

Ovovivipare Haie

Der Riesenhai ist nach dem Walhai der zweitgrößte Hai. Er frisst Plankton.

Nachts geht der Tigerhai in Küstennähe auf die Jagd.

Lebend gebärende Haie

Das Weibchen des Hammerhais kann bis zu 14 Junge pro Wurf haben.

Der Blauhai wandert je nach Jahreszeit von den kalten Gewässern in wärmere Meere.

Eier legende Haie

Der Zebrahai lebt in Korallenriffen.

Der in Europa heimische Katzenhai misst weniger als 1 m.

Fortpflanzung

Alle Haie pflanzen sich durch innere Befruchtung fort. Bei einigen Haiarten legen die Weibchen die befruchteten Eier im Wasser ab. Andere sind ovovivipar: Die Jungen schlüpfen im Körper der Mutter aus den Eiern und verweilen dort eine kurze Zeit, bis sie sich allein im Ozean zurechtfinden. Es gibt auch lebend gebärende Haie: Die Embryonen entwickeln sich im Körper der Mutter und erhalten Nahrung und Sauerstoff über eine Art Plazenta. Bei allen Haiarten sehen die Jungen den ausgewachsenen Tieren schon sehr ähnlich, sie sind nur kleiner.

INSEKTEN

Die ersten Insekten vor 350 Millionen Jahren waren riesig. Heute sind sie wesentlich unauffälliger. Dafür ist ihre Zahl in der Tierwelt unübertroffen, denn man kennt über 1 Million Arten. Die meisten Insekten besitzen Flügel. Sie sind die einzigen wirbellosen Tiere, die fliegen können. Die Insekten haben das gesamte Festland, die Lüfte und auch die Gewässer erobert.

Wie sieht ein Insekt aus?

Der Hautpanzer der Insekten bildet eine steife Hülle und schützt den Körper, die Beine, die Augen und die Fühler. Im Lauf ihres Lebens vergrößern alle Insekten ihren Hautpanzer durch Häutung. Ihr Körper besteht aus 3 Teilen. Am Kopf sitzen Facettenaugen oder einfache Augen, ein empfindliches Fühlerpaar und die Mundwerkzeuge. An der Brust setzen 3 bewegliche Beinpaare und die Flügel an. Im Hinterleib befinden sich das Herz, die Verdauungs- und Fortpflanzungsorgane und 2 mit Luft gefüllte Taschen, die die Muskeln im Bruststück versorgen. Mit diesen Muskeln werden die Flügel bewegt.

Ein Insektenkopf von nahem betrachtet. Auffallend sind die Facettenaugen.

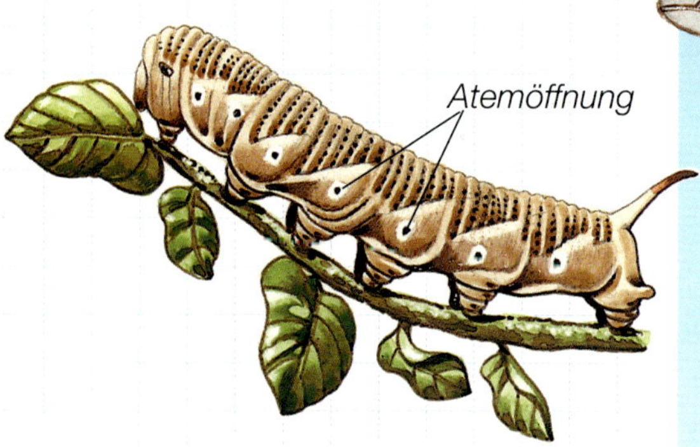

Insekten atmen über kleine verzweigte Röhrchen, die so genannten Tracheen. Die Luft strömt über die Atemöffnungen an den Körperseiten ein. Raupen haben ein Paar Atemöffnungen in jedem Körperabschnitt. Bei der Raupe des Nachtkerzenschwärmers kann man sie deutlich erkennen.

Facettenaugen

Geruchs- und Geschmackssinn sind bei den Insekten hoch entwickelt. Auch das Sehvermögen ist wichtig: Insekten nehmen Bewegungen von Gegenständen oder Tieren in mehreren Metern Entfernung wahr. Ihre großen Augen bestehen eigentlich aus hunderten zu einem Sechseck zusammengesetzten Einzelaugen. Die Forscher vermuten, dass die Insekten mit den Facettenaugen mosaikähnliche Bilder wahrnehmen. Zusätzlich zu den Facettenaugen haben viele Insekten noch 3 einfache Augen auf ihrer Stirn.

Über eine Million Arten

Fluginsekten

Der Schmetterling, die Wespe, die Libelle und die meisten anderen Insekten haben 2 Flügelpaare, die gleichzeitig schlagen. Käfer wie der Maikäfer oder der Marienkäfer haben ein hartes Flügelpaar – die Deckflügel –, die die beiden darunterliegenden durchsichtigen Flügel schützen. Zum Fliegen werden die Deckflügel angehoben. Fliegen und Stechmücken haben nur ein Flügelpaar.

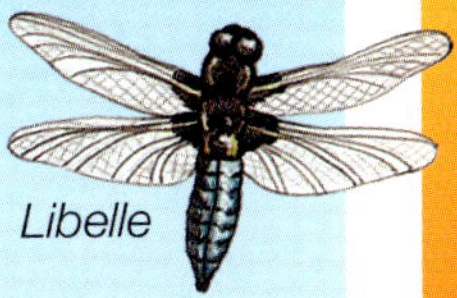

Landinsekten

Trotz ihrer großen Flügel bewegen sich die Heuschrecken hauptsächlich auf ihren kräftigen Hinterbeinen hüpfend fort. Im Flug dienen ihre Beine als Steuer. Landkäfer wie der Mistkäfer und der Prachtkäfer fliegen nur, wenn sie auf der Flucht sind.

Fressen

Die Mundwerkzeuge sind beim Hirschkäfer besonders ausgeprägt. Sie dienen dem Schneiden und Zermahlen von Holz, wirbellosen Tieren oder Blättern. Der Schmetterling und die Fliege haben einen Rüssel zum Aufsaugen von Flüssigkeiten. Stechmücken und Bremsen haben Stechrüssel.

Wasserinsekten

Der Teichläufer und der Wasserläufer können dank ihres geringen Gewichts auf dem Wasser gehen. Der Schwimmkäfer und der Rückenschwimmer entwickeln sich unter der Wasseroberfläche.

LEBENSERWARTUNG

30 Jahre
Prachtkäfer

15 Jahre
Termitenkönigin

5 Jahre
Bienenkönigin

4 Jahre
Floh

10 Wochen
Bienenarbeiterin

28 Tage
weibliche Stubenfliege

17 Tage
männliche Stubenfliege

Einen Sommer lang

Alle 17 Jahre wird der Osten der USA von den Siebzehnjahr-Zikaden heimgesucht. Millionen von Insekten kriechen aus der Erde, wo sie 17 Jahre lang als Larven auf Baumwurzeln lebten. Nach ihrer Verwandlung kommen die Zikaden an die Luft, pflanzen sich fort und sterben am Ende des Sommers, nachdem sie Millionen Eier abgelegt haben.

PRIMITIVE TIERE

Einige urzeitliche Tiere mit weichem Körper und einfachen Strukturen gibt es noch heute. Zu ihnen gehören Schwämme, Würmer, Korallentiere, Quallen und Seeanemonen, deren Vorfahren vor über 700 Millionen Jahren lebten. Einige Weichtiere ohne Schale wie die an Land lebende Nacktschnecke oder der im Meer lebende Krake sind etwas weiter entwickelt. Die zu den Weichtieren gehörenden Kopffüßer wie Tintenfisch, Krake oder Kalmar besitzen ein überraschend leistungsfähiges Gehirn.

Die Nacktschnecke ist ein an Land lebender Bauchfüßer wie die Weinbergschnecke. Beide ernähren sich von Blättern, bewegen sich auf ihrem Kriechfuß fort und atmen mithilfe einer Lunge. Die Nacktschnecke besitzt unter der Haut noch einen Rest der Schale. Der Roten Wegschnecke fehlt auch dies.

Schwämme und Würmer

Schwämme besitzen weder Nervenzellen noch unterscheidbare Organe. Sie haben verschiedene Formen, manche sind röhrenförmig. Da sie sich nicht fortbewegen können, filtern sie Nahrung aus dem Wasser. Das Wasser gelangt über winzige Poren ins Innere. Die an Land und im Meer lebenden Würmer bestehen nur aus Verdauungsröhren, können sich jedoch fortbewegen, indem sie ihre Muskeln zusammenziehen.

Seeigel und Seesterne

Der Körper dieser wirbellosen Tiere ist von Kalkplatten geschützt, auf denen Stacheln sitzen. Der Mund befindet sich auf der Unterseite (in der Mitte). Die Seesterne stülpen ihren Magen über den Mund aus und verdauen so ihre Beute, ohne sie zu verschlucken. Seeigel haben um den Mund herum 5 Zähne, mit denen sie die auf den Felsen sitzenden Kleintiere abkratzen können. Seesterne und Seeigel bewegen sich mithilfe ihrer beweglichen Stacheln und tausenden von kleinen, mit einer Flüssigkeit gefüllten Tentakeln fort. Der Dornenkronen-Seestern sticht Krebstiere und Korallen mit seinen giftigen Stacheln, bevor er sie frisst.

Urzeitliche Tiere mit seltsamen Formen

Kopffüßer

Die Weichtiere im Meer haben keine äußere Schale. Kalmare und Tintenfische besitzen jedoch einen inneren schwertförmigen Kalkschulp. Diese Tiere bestehen nur aus einem Kopf und langen Armen mit Saugnäpfen, den Tentakeln. Das Gehirn dieser Tiere ist recht gut entwickelt. Mit den Tentakeln werden Fische und Krebstiere eingefangen und vom Hornschnabel und der Reibezunge zermahlt. Der Krake hat 8 Arme, Tintenfisch und Kalmar haben 10 Arme.

Krake

Kopffüßer können sich im Gegensatz zu anderen Weichtieren schnell fortbewegen. Nach dem Rückstoßprinzip füllen sie ihren hohlen Körper mit Wasser und stoßen es wieder aus.

Tintenfisch

Kalmar

Nesseltiere

Qualle

Seeanemonen, Quallen und Korallentiere haben einen runden oder zylindrischen Körper mit einer Mundöffnung, die gleichzeitig Nahrung aufnimmt und Reste ausscheidet. Der Schlund ist von nesselnden oder giftigen Tentakeln umgeben.

Seeanemonen sind Einzelgänger und vermehren sich durch Teilung. Korallenpolypen, aus denen die Korallen bestehen, leben in Kolonien. Sie sitzen fest am Boden, während Quallen sich treiben lassen oder schwimmen, indem sie sich zusammenziehen.

Seeanemone

Quallen beginnen ihr Leben als am Boden sitzende Polypen. Durch Knospung entstehen kleine Quallen.

Korallenpolypen

TIERGRUPPEN
MIT SCHALEN UND PANZERN

Zum Schutz ihres weichen Körpers haben viele wirbellose Tiere eine harte Außenhülle. Die Gliederfüßer haben einen Panzer, also ein äußeres Skelett. Zu den Gliederfüßern gehören im Meer die meisten Krebstiere und an Land die Spinnentiere (Spinnen und Skorpione). Auch die Insekten zählen zu dieser großen Gruppe. Die älteren, vor ungefähr 500 Millionen Jahren entstandenen Weichtiere haben keinen Panzer. Die meisten von ihnen, wie die Muscheln und die Schnecken, schützen sich jedoch mit einer Schale.

Schnecken

Knapp 8 von 10 Weichtieren sind Bauchfüßer, also Schnecken. Zu ihnen zählen Napfschnecken, Wellhornschnecken und Strandschnecken. Die meisten Schnecken leben im Meer. Fast alle besitzen ein einschaliges Gehäuse, das häufig spiralförmig ist. Sie bewegen sich auf ihrem muskulösen Kriechfuß fort. Über dem Fuß ist der Verdauungsapparat in der Schale eingerollt, die auch die Atmungsorgane schützt. Schnecken haben 4 Fühler. Auf 2 der Fühler sitzen Augen. Napfschnecken und Strandschnecken fressen Meeresalgen. Wellhornschnecken ernähren sich von Resten toter Tiere. Alle Schnecken haben eine Reibezunge.

Muscheln

Jakobsmuscheln, Miesmuscheln, Austern und Herzmuscheln haben ein 2-schaliges Gehäuse. Die beiden Schalen sind über ein Schlossband miteinander verbunden. Sie können zum Schutz des Tieres vollständig geschlossen werden oder sich öffnen, damit die Siphonen ausgestreckt werden: 2 Röhren, über die es sich ernährt und atmet. Ein Sipho saugt Wasser ein und entzieht ihm Sauerstoff und Nährstoffe, der andere scheidet das gefilterte Wasser wieder aus. Die Jakobsmuschel bewegt sich mittels Rückstoß fort, indem sie die Muschelhälften öffnet und schließt.

Die Weinbergschnecke gehört zu den Bauchfüßern. Das Weichtier bildet sein Haus aus Kalk selbst. Es wächst mit. Die Schnecke hat eine Reibezunge, auf der tausende winzige Zähnchen sitzen. Sie frisst Pflanzen und bewegt sich auf ihrem scheibenförmigen Kriechfuß fort. Damit sie besser gleiten kann, scheidet sie Schleim aus.

Im Gegensatz zu anderen Weichtieren wie zum Beispiel Kraken haben 2-schalige Muscheln keinen Kopf.

Der weiche Körper wird gut geschützt

Krebstiere

Wie alle Gliederfüßer haben Krebse einen Panzer und gegliederte Beine, doch Kopf und Bruststück sind ungegliedert. Sie besitzen 2 Fühlerpaare. Die kleinsten Krebstiere sind winzig und mit bloßem Auge nicht zu erkennen. Aus ihnen besteht das Plankton der Meere. Auch die Wasserflöhe im Süßwasser gehören zu den Krebsen. Da sie ruckartig schwimmen, sehen sie aus wie hüpfende Flöhe. Die größten Krebse haben 14 Beinpaare. Tatsächlich besitzen sie jedoch nur 5 Paar richtige Beine, von denen einige zu Zangen umgewandelt sein können; die restlichen 9 Beinpaare sind Anhänge, mit denen sie rudern, im Sand graben oder die Eier tragen. Die schwimmenden Garnelen haben einen leichteren Panzer als die am Boden lebenden Krebstiere.

Der Flusskrebs lebt im Süßwasser.

Langusten und Hummer sehen sich sehr ähnlich. Langusten haben jedoch keine Zangen, dafür sehr lange Fühler.

Krabben und Taschenkrebse jagen Weichtiere und andere Krebstiere, die sie zwischen ihren großen Zangen zerquetschen.

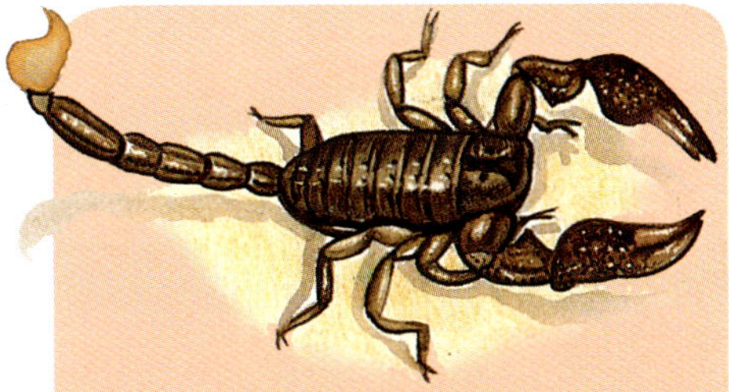

Spinnentiere

Zu dieser Gruppe der Gliederfüßer gehören Skorpione, Spinnen und auch die winzigen Milben, die sich in Teppichen verstecken und Allergien auslösen. Spinnentiere besitzen keine Fühler. Am Mund haben sie zangenförmige Klauen, mit denen sie ihre Beute zerkleinern. Skorpione verfügen außerdem über zwei große Zangen und einen Schwanz mit einem Giftstachel. Die kleinsten Skorpione sind die gefährlichsten. Auch Spinnen sind giftig. Doch nur das Gift weniger Arten ist für den Menschen gefährlich.

Wie alle Gliederfüßer erneuern Spinnen und Skorpione ihren Panzer, nachdem sie sich aus dem alten herausgeschält haben.

TIERGRUPPEN
BEDROHTE TIERARTEN

Über 12 000 Tierarten sind heute vom Aussterben bedroht. Nicht nur Überfischung und nicht genehmigte Jagd sind eine Gefahr für Tiere. Anbauflächen, Städte, Industriegebiete und Straßen nehmen immer mehr Raum ein und verdrängen die natürlichen Lebensräume der Tiere. Darüber hinaus ist die Verschmutzung der Luft, der Binnengewässer, der Ozeane und der Böden ein sehr ernsthaftes Problem. Der Mensch stört das empfindliche Gleichgewicht in der Natur.

Der Dodo auf der Insel Mauritius starb 200 Jahre nach der Landung der ersten Europäer aus. Der Laufvogel hatte keine natürlichen Feinde und war flugunfähig. Die Jagd auf den Vogel und die Zerstörung seiner Eiergelege durch eingeführte Haustiere führten zu seiner Ausrottung.

Der Afrikanische Elefant ist Opfer der Wilderer, die ihn wegen seiner wertvollen Stoßzähne aus Elfenbein jagen. Außerdem engt die Ausdehnung der bewirtschafteten Flächen seinen Lebensraum ein.

Breitmaul- und Spitzmaulnashörner werden wegen ihres Horns gejagt, das in der chinesischen Heilkunst verwendet wird. Sie leben heute in Reservaten, doch Wilderer jagen sie weiterhin.

In ganz Asien ist der Tiger vom Aussterben bedroht, da sein Lebensraum kleiner wird. Er wird aufgrund seines schönen Felles gejagt und weil seine Knochen, Zähne und Barthaare angeblich Heilkräfte enthalten.

Die Wölfe wurden in vielen europäischen Ländern ausgerottet. In den italienischen Alpen und in Osteuropa fassen sie langsam wieder Fuß – womit aber viele Schäfer nicht einverstanden sind.

Der Große Panda wäre fast ausgestorben, als die chinesischen Bambuswälder verschwanden, von denen sein Überleben abhängt. Er wurde zum Symbol der Naturschützer und steht heute unter Artenschutz.

Der europäische Braunbär ist in Mitteleuropa so gut wie ausgestorben. Die Wiederansiedelung einiger Bären in den französischen Pyrenäen ruft Widerstand unter den Schäfern hervor.

Natürliche Lebensräume in Gefahr

Der Schneeleopard wird wegen seines wunderschönen, flauschigen Felles gejagt. Sein Verbreitungsgebiet beschränkt sich inzwischen auf die Berge des Himalaja, wo er bis in 5000 m Höhe lebt.

Gorillas sind von der Zerstörung der Wälder und der nicht genehmigten Jagd bedroht. Das Schicksal der Berggorillas ist alarmierend: Es gibt heute nur noch rund 700 Tiere!

Orang-Utans sind bedroht, da sie nur in den Wäldern auf den asiatischen Inseln Sumatra und Borneo leben und sich nur alle 6 bis 8 Jahre fortpflanzen.

Der Alligator ist von allen Krokodilen am stärksten bedroht. Er lebt an den Ufern des Jangtse in China. Er wird gejagt, weil die von ihm gegrabenen Tunnel die Kulturpflanzen schädigen.

Das Ansteigen des Meeresspiegels aufgrund der Klimaerwärmung bedroht die Eiablageplätze der Meeresschildkröten. Außerdem essen die Menschen ihre Eier und töten die Tiere unter anderem wegen ihres Fleisches.

Blauwale und andere Walarten werden ihres Fleisches und ihrer Knochen wegen getötet. Zahlreiche Länder stellten die Jagd inzwischen ein. Japan und Norwegen gehen jedoch nach wie vor auf Walfang.

Störe werden zu intensiv gefischt, weil ihre Eier zum teuren Kaviar verarbeitet werden. Der Fischbestand kann sich nicht mehr schnell genug erholen. Im Kaspischen Meer wird der Stör zudem Opfer der Wasserverschmutzung.

Früher intensiv bejagt, leidet das Walross heute unter der Verschmutzung der Polarmeere. Seine Nahrungsquellen verknappen sich darüber hinaus wegen der Klimaerwärmung.

Aufgrund der Klimaerwärmung verspätet sich der erste Frost, der die Wanderung der Monarchfalter auslöst. Das verkürzt die Paarungszeit und bremst die Vermehrung der Art.